lonely planet

MARRAKECH

EN QUELQUES JOURS

LORNA PARKES, OLIVIER CIRENDINI

Sommaire

Préparer son séjour 4

Palais de la Bahia (p. 92)

Explorer Marrakech 31

Carnet pratique 143

Coups de projecteur

Avertissement

Au moment où nous terminions l'édition de ce guide, la pandémie de Covid-19 impactait fortement le monde du voyage. Les informations que vous trouverez dans cet ouvrage sont donc susceptibles de changements.

Renseignez-vous bien avant votre départ car la situation aura probablement évolué quand vous préparerez votre voyage.

Bienvenue à Marrakech

D'un côté, la masse compacte de la médina. De l'autre, les artères rectilignes de la ville nouvelle. L'énergie de Marrakech émane de là : ville carrefour, elle est depuis des siècles un lieu de rencontre et de convergence. Pour la comprendre, il faut se frotter à sa foule, arpenter ses ruelles, pousser la porte de ses palais, user le pavé de ses places écrasées de chaleur. Ceux qui jouent le jeu sont rarement déçus : la "ville rouge" du Maroc fait appel à tous les sens.

Place Jemaa-el-Fna (p. 34)
BARTOSZ HADYNIAK/GETTY IMAGES ©

Les incontournables

Place Jemaa-el-Fna

À toute heure, un fabuleux spectacle à ciel ouvert. **p. 34**

SAIKO3P/SHUTTERSTOCK ©

Jardin Majorelle

Indissociable de la vie d'Yves Saint Laurent, ce jardin d'exception se distingue par ses plantes, sa villa, ses couleurs... **p. 120**

SAIKO3P/SHUTTERSTOCK ©

Palais de la Bahia

Émaux, peintures, bois précieux : chaque centimètre carré du "palais de la Belle" émerveille. **p. 92**

STESILVERS/SHUTTERSTOCK ©

Maison de la Photographie

Un aperçu en images du passé du Maroc. **p. 78**

Mosquée de la Koutoubia

Un chef-d'œuvre de l'architecture almohade. **p. 38**

MONTICELLO/SHUTTERSTOCK ©

MITZO/SHUTTERSTOCK ©

Dar Si Saïd

Un merveilleux écrin pour l'excellent musée national du Tissage et du Tapis. **p. 40**

Musée Yves Saint Laurent

Un admirable sanctuaire. **p. 124**

Tombeaux saadiens

Des sépultures fastueuses. **p. 94**

DREAMER COMPANY/SHUTTERSTOCK © ARCHITECTES : STUDIO KO

JOSE IGNACIO SOTO/SHUTTERSTOCK ©

ANDREA OBZEROVA/SHUTTERSTOCK ©

Musée de Marrakech

Dans un palais qui fut un temps occupé par Thami el-Glaoui, le pacha de Marrakech. **p. 80**

Se restaurer

Les tables de Marrakech réservent des expériences réjouissantes. Toutefois, les Marrakchis ne mangent pas très souvent au restaurant et la plupart des établissements de la médina visent en priorité les touristes. Ce qui peut se ressentir dans la qualité. Pour une atmosphère plus authentique, préférez Guéliz, un quartier fréquenté par la classe moyenne, riche en restaurants marocains et de cuisine internationale.

Cuisine de rue

À Marrakech, on mange volontiers sur le pouce, dans la rue. Rejoignez le mouvement des travailleurs des souks qui se régalent de brochettes, de merguez ou de rate farcie (*teyhan*). Dans la médina (outre la place Jemaa-el-Fna), dirigez-vous vers les souks au sud de la place Ben-Youssef, la rue de la Casbah et l'extrémité ouest de la rue Bab Doukkala.

Dans les riads

Presque tous les hôtels installés dans des riads ont une *dada* (cuisinière marocaine traditionnelle), à même de préparer de bons repas pour les hôtes. Ces figures discrètes et trop peu célébrées tiennent une place centrale dans la scène culinaire marrakchie. La plupart des riads ouvrent la porte de leur cour ou de leur toit-terrasse aux clients de passage : de jolies occasions de goûter à la diversité des spécialités marocaines. La réservation est presque toujours nécessaire : les places sont limitées et la *dada* doit pouvoir prévoir le menu.

Petits budgets

Marrakech Henna Art Cafe Sandwichs généreux et omelettes berbères. (p. 47)

Restaurant du n°12 de la place des Ferblantiers Un restaurant pour touristes doublé d'un excellent stand de grillades. (p. 102)

Saveurs internationales

Catanzaro Les meilleures pizzas de Marrakech. (p. 135)

Limoni Excellents plats de pâtes, sous les citronniers de la terrasse. (p. 116)

Beats Burger Les burgers haut de gamme ont fait leur entrée au souk. (p. 67)

CHRIS GRIFFITHS/LONELY PLANET ©

Comme un Marrakchi

Amal Center Une cuisine familiale pour soutenir une bonne cause. (photo ci-dessus ; p. 134)

Naima Couscous maison préparé le jour même. (p. 85)

Allée des Méchouis Pour un agneau rôti à la broche. (p. 47)

Cuisine moderne

Le Kilim Salades et sandwichs aux couleurs et saveurs marocaines. (p. 134)

Le Trou au Mur Plats traditionnels réinventés à la sauce cosmopolite. (p. 85)

Max & Jan Vent de modernité sur des recettes comme la *tanjia*. (plat de viande cuit dans un pot en terre ; p. 68)

Riads

La Table Al Badia Carte du jour selon les arrivages. (p. 103)

PepeNero Plats italiens et marocains classiques servis dans une cour. (p. 45)

La Table du Palais Repas sous les palmiers et à la bougie, autour d'une fontaine. (p. 68)

Végétariens et végans

Namaste Café Le premier café végan de la médina – formules déjeuner bio et locavores. (p. 115)

Earth Café Une adresse végétarienne aux mille délices. (p. 49)

Gaïa Une table chic et végane à Guéliz, où les plats sont aussi beaux que bons. (p. 135)

Quelques précisions

- On trouve de plus en plus souvent de l'alcool sur les cartes des restaurants de la médina – même si beaucoup n'en servent pas.
- Pour les restaurants chics et les lieux branchés, réservez, surtout en saison haute (mars-mai et octobre-décembre).

Shopping

Les souks de la médina évoquent un immense labyrinthe jalonné d'échoppes. Que vous souhaitiez rapporter des épices locales ou acheter un tapis traditionnel, ils devraient combler toutes vos envies de shopping. Ici, marchander est un jeu. Toutefois, certaines adresses de la médina, tout comme l'ensemble des boutiques de créateur de Guéliz affichent des prix fixes.

Souks

Le mot "souk" signifie marché. Mais pour les Marrakchis, il désigne le réseau de rues marchandes situé au nord de la place Jemaa-el-Fna et au sud-ouest du musée de Marrakech. L'artère principale qui part de la place Jemaa-el-Fna, le **souk Semmarine** (souk du cuir), réunit des vendeurs d'objets artisanaux. Les prix sont souvent élevés, compte tenu du tarif des emplacements (et du flot touristique). De nombreux objets proviennent des souks spécialisés, quelques mètres plus loin – qui sont souvent plus intéressants, surtout pour acheter des tapis, ou des objets en métal ou en cuir. C'est dans la *kissaria* (groupement de petites boutiques et d'ateliers, spécialisés dans un type de produits, et situés dans des voies transversales souvent dépourvues de nom) entre les souks Smata et Nejarine que l'on déniche les objets artisanaux aux meilleurs prix. Les rues au sud de Jemaa-el-Fna, riad Zitoun el-Kedim et Riad Zitoun el-Jedid, plus agréables, offrent moins de choix.

Vêtements et accessoires

Sissi Morocco Hauts d'une douceur soyeuse, parés de portraits sépia de femmes amazighes (berbères). (p. 70)

Les Marrisiennes Des imprimés ludiques s'invitent sur les babouches et les fez. (p. 53)

33 Rue Majorelle Excellente sélection de pièces de créateurs marrakchis. (p. 140)

Beauté

Jad Cosmétiques Le Sens de Marrakech, appréciés des propriétaires de riads. (p. 52)

Naturom Crèmes produites localement, 100% bio. (p. 52)

CHRIS GRIFFITHS/LONELY PLANET ©

L'Art du Bain – Savonnerie artisanale Savons et cosmétiques luxueux aux parfums du Maroc. (p. 72)

Maison et objets

Souk Cherifia Montez au balcon supérieur pour des articles de jeunes créateurs enthousiastes. (p. 71)

Max & Jan Mode, accessoires et articles de maison dans cette vaste enseigne pour *hipsters* de la médina. (photo ci-dessus ; p. 71)

Wafl Design Tee-shirts et articles pour la maison aux imprimés et messages percutants. (p. 54)

Tapis

Bibi Art Carpet Un empire du tapis, qui emploie des tisseurs de l'Atlas. (p. 73)

Anamil Tissus haut de gamme, avec de nombreux imprimés et motifs marocains contemporains et originaux. (p. 87)

Soufiane Zarib Des piles et des piles de tapis dont la production et la qualité sont supervisées par leur créateur. (p. 117)

Coopératives

Assouss Argane Huiles d'argan pour le corps, vendues par une coopérative de femmes. (p. 74)

Al Nour Vêtements en coton, brodés par des artisans handicapés qui travaillent pour la coopérative. (p. 71)

Vaut le détour

Si vous rêvez de décorer votre intérieur dans le style des riads, la "zone industrielle" de **Sidi Ghanem** (p. 140), à 4 km du centre de Marrakech, vous tend les bras. On y trouve des magasins d'usine de créateurs régionaux et de nombreux showrooms mettant à l'honneur l'artisanat, les céramiques, les tissus et les cosmétiques marocains.

Art et artisanat

Les artisans de Marrakech portent haut et fort le travail manuel. Ici, la majorité des objets artisanaux sont réalisés sans plans, à même la rue et à main levée, avec une remarquable économie d'outils. Les traditions inspirent également les créateurs contemporains établis à Guéliz, en passe de prendre d'assaut la médina.

CHRIS GRIFFITHS/LONELY PLANET ©

Techniques traditionnelles

Comment rester insensible au charme opulent des monuments et demeures historiques de Marrakech ? Là, tout n'est que zelliges, stucs, *zouak* (panneaux en bois sculpté et peint)... Dans les riads, admirez également le tadelakt, un enduit à la chaux doux et soyeux, traditionnellement employé dans les pièces humides, et que l'on retrouve aujourd'hui dans les intérieurs contemporains.

Art contemporain

Marrakech est le centre de la petite scène artistique contemporaine marocaine, qui s'affirme de façon grandissante. Les artistes marient formes abstraites, calligraphie arabe et motifs tribaux. Guéliz est un vivier de galeries indépendantes ; la foire **1-54** (www.1-54.com ; La Mamounia ; ⌚fév) d'art contemporain africain attire près de 6 000 visiteurs chaque année.

Artisans au travail

Ensemble Artisanal Pour avoir aussi une première idée de la gamme d'articles – et des tarifs. (p. 141)

Souk Haddadine Vous pourrez y observer des artisans spécialisés dans le travail du métal. (p. 72)

Musées et galeries

Comptoir des Mines Galerie La plus grande et la plus intéressante des galeries d'art contemporain de Guéliz. (p. 132)

Musée de la Palmeraie Art moderne dans un écrin de verdure. (p. 136)

Maison de la Photographie Voyage en images à

ALEX CIMBAL/SHUTTERSTOCK ©

travers les paysages et le patrimoine culturel marocains. (p. 78)

Dar Bellarj On y soignait les cigognes, on y célèbre désormais le patrimoine artistique local. (p. 83)

MACMA Cent ans d'histoire de la photographie au Maroc, à travers des paysages et des portraits. (photo page ci-contre ; p. 132)

Intérieurs fastueux

Palais de la Bahia L'incarnation de l'art et du savoir-faire des maîtres artisans marocains. (photo ci-dessus ; p. 92)

Tombeaux saadiens Un mausolée éblouissant. (p. 94)

Musée de Mouassine Restaurées, les pièces ont retrouvé le faste de l'époque saadienne. (p. 63)

Musée de Marrakech Une profusion de stucs, de bois sculpté et de zelliges. (p. 80)

À la rencontre des artisans

Ateliers d'Ailleurs (☎ 0662 16 60 26 ; www.ateliersdailleurs.com ; ateliers 35-69 €) organise des visites personnalisées à la découverte des traditions artisanales marocaines. Cette agence travaille avec un solide réseau de professionnels, de différentes spécialités : céramique, tadelakt, travail du bois ou du laiton, zelliges… Poussez la porte de leurs ateliers pour découvrir les techniques et échanger au calme, si besoin en compagnie d'un interprète. Ces visites privatives axées sur une découverte concrète des métiers durent de 3 à 5 heures.

Hammams

Ne résistez pas à la tentation d'un passage au hammam après une journée d'aventures plus ou moins poussiéreuses. Au cours du rituel se succèdent un bain de vapeur, un savonnage et un gommage vigoureux, après lequel la peau sort purifiée. Pour une expérience plus authentique, joignez-vous aux habitants dans un établissement public.

De Rome aux mosquées

Les bains publics furent introduits au Maroc et dans le reste de l'Afrique du Nord à l'époque romaine. Ils évoluèrent ensuite sous l'influence de l'islam.

Durant des siècles, les hammams furent les uniques sources d'eau chaude de la médina. Ils étaient traditionnellement construits près de la mosquée de quartier et du four communautaire, à l'aide de briques en terre crue enduites de tadelakt, et surmontés d'un dôme percé d'ouvertures en forme d'étoiles d'où s'échappait la vapeur. Mosquée, hammam et four partageaient souvent le même système de chauffage et d'alimentation en eau.

Public ou privé ?

Le hammam public est associé autant à un rituel social qu'au bien-être et à l'hygiène. La mixité y est proscrite. L'entrée coûte environ 10 Dh. Les établissements ne ferment jamais, si bien que les travaux d'entretien font parfois défaut. Pour autant, les hammams publics sont dans leur grande majorité propres, et offrent de jolies occasions de s'immerger dans la vie marrakchie. Les adresses privées évoquent davantage des spas d'inspiration marocaine. Le rituel, privatif, y coûte généralement autour de 300 Dh.

Pour en savoir plus sur les hammams, reportez-vous également p. 66 et p. 81.

ROMILLY LOCKYER/GETTY IMAGES ©

Hammams publics

Hammam Mouassine Adapté pour une première expérience dans un hammam public. Formules bain et gommage proposées. (p. 65)

Hammam Bab Doukkala Un hammam fondé au XVIIe siècle, parfait pour une expérience authentique. (p. 114)

Hammams privés

Spa de La Sultana Massages et soins de beauté dans un décor de marbre. (p. 101)

Hammam de la Rose Bon accueil, atmosphère décontractée et vaste choix de soins et de massages. (p. 65)

Le Bain Bleu Cadre élégant et prestations de luxe. Pour se faire dorloter. (p. 65)

Heritage Spa Luxueux. Une large gamme de soins régénérants. (p. 113)

Hammam : quelques règles

- Les hammams publics sont généralement réservés aux femmes la journée et aux hommes le soir ; certains font toutefois exception à la règle.
- Mieux vaut réserver dans les hammams privés.
- Certains hammams privés proposent des formules pour les couples.

Sports et activités

Marrakech offre de belles possibilités pour des vacances actives : vous pourrez goûter la cuisine de rue en compagnie d'un habitant, vous initier à la calligraphie, découvrir la ville à vélo, ou partir à la découverte des palmeraies ou des montagnes, aisément accessibles, lors d'un trek ou d'une sortie à VTT par exemple.

Cours de cuisine

Atelier Chef Tarik (☎0674902427 ; www.atelier-chef-tarik.com ; Km 22, route d'Amezmiz ; atelier à partir de 75 € ; 👪). À une demi-heure de Marrakech, une école de cuisine en lien direct avec les producteurs. Ferme bio, kilims et coussins pour s'asseoir au jardin, tente pour cuisiner. Transport inclus dans le tarif.

Amal Targa (☎0524493776 ; amalnonprofit.org ; lot. Harouchi, Sofia Targa ; tarif plein/- de 10 ans 350/200 Dh). Le restaurant associatif chouchou de Guéliz (Amal Center, p. 134) propose des cours de cuisine et de pâtisserie à petits prix, à la lisière ouest de Marrakech. La matinée est consacrée aux secrets du tajine. Transport en sus.

Souk Cuisine (☎0673 80 49 55 ; www.soukcuisine.com ; Zniquat Rahba, 5 derb Tahtah ; cours avec repas et vin 60 €). Cours assurés en anglais par Gemma Van de Burgt, Néerlandaise installée à Marrakech. Après avoir fait vos courses dans les souks, vous apprendrez à préparer des plats traditionnels avec des Marocaines et les dégusterez. Groupes de 2 à 14 personnes. Possibilité de préparer des plats végétariens.

Circuits et sports d'aventure

Inside Morocco Travel (☎0524 43 00 20 ; www.insidemoroccotravel.com ; 4e ét., 29 rue de Yougoslavie ; 🕗8h30-18h). Mohamed Nour et son équipe conçoivent des treks dans le Haut Atlas et des excursions en 4x4 dans le désert et en montagne, y compris pour les familles.

Insiders Experience (☎0669699374 ; www.marrakechinsiders.com ; circuits à partir de 1 600 Dh). Grimpez dans un side-car rétro pour découvrir la ville, le désert ou l'Atlas hors des sentiers battus. Possibilité de vol en montgolfière également.

Tawada Trekking (☎0618 24 44 31 ; tawadatrekking.net ; Hay Ezzaitoun). Cette petite agence dirigée par Hafida H'Doubane, première femme guide de montagne du Maroc, est spécialisée dans les treks de plusieurs

ALBERTO LOYO/SHUTTERSTOCK ©

jours au cœur de l'Atlas, les sorties en rafting et les excursions en immersion totale.

City Tour Marrakech (☎0663527797 ; www.marrakech.city-tour.com ; pass 48 heures tarif plein/enfant 190/95 Dh ; 👪). Suspendu jusqu'à nouvel ordre au moment de notre passage, ce circuit en bus touristique électrique relie les grands sites de la ville. Montée et descente à volonté – ce qui est plus facile que de héler un taxi.

Mountain Voyage (☎0524 42 19 96 ; www.mountain-voyage.com ; immeube el-Batoul, av Mohammed V). Découvertes et excursions sur mesure, à Marrakech et dans le Haut Atlas, avec hébergement dans son établissement, la Kasbah du Toubkal (photo ci-dessus). Tours en quad autour de Marrakech (2 heures) à 300 Dh, navette incluse.

À vélo

AXS (☎0524 40 02 07 ; www.argansports.com ; rue Fatima al Fihria, Sidi Youssef Ben Ali ; circuit demi-journée dans la ville à partir de 350 Dh, location de vélo à partir de 300 Dh/24 heures ; 👪). Découverte de la Palmeraie, circuits dégustations, VTT dans l'Atlas (treks également)... Location de vélos de route et de VTT (y compris pour les enfants) de qualité ; casques fournis.

Marrakech Bike Action (☎0661 24 01 45 ; www.marrakechbikeaction.com ; 44 rue Tariq ibn Ziyad ; circuit à partir de 300 Dh/pers ; 🕘bureau 9h-12h30 et 14h30-18h30 lun-sam). Visites à vélo de la ville et de la Palmeraie, excursions à VTT d'une journée ou plus en montagne... Possibilité de louer des VTT électriques.

Culture amazighe (berbère)

Marrakech a été fondée par des Berbères venus des montagnes de l'Atlas, qui ont donné naissance à la dynastie des Almoravides. La ville est devenue au fil des siècles un pôle commerçant essentiel à la vie de ces populations, qui venaient y acheter et y vendre des marchandises.

CHRIS GRIFFITHS/LONELY PLANET ©

Musique traditionnelle

Pour découvrir la culture amazighe pendant votre séjour, essayez d'assister à un concert de musique traditionnelle. La musique berbère repose sur très peu d'instruments, avec généralement juste un tambour, pour le rythme, et une flûte, pour la mélodie. Le terme "musique berbère" recouvre en réalité un grand nombre de styles différents, qui reflètent la diversité des populations amazighes. Le **Festival national national des arts populaires**, en juillet, permet d'en découvrir la richesse. Sinon, rendez-vous sur la place Jemaa-el-Fna (p. 34), où des musiciens amazighs jouent tous les soirs.

Culture

Musée berbère Une magnifique collection d'objets artisanaux, de bijoux, de textiles... Au cœur du Jardin Majorelle. (p. 122)

Musée Boucharouite Un musée dévolu aux tapis amazighs faits de bouts de tissus récupérés et à d'autres formes d'artisanat peu connues. (p. 83)

Musée Tiskiwin Les richesses de l'art et de la culture amazighes sont ici mises à l'honneur dans un riad. (p. 44)

Cafe Clock Concert tous les samedis à partir de 18h dans ce café de la casbah. (p. 102)

Musée du Patrimoine Petit fonds d'objets amazighs dans ce musée doté d'une collection éclectique. (photo ci-dessus ; p. 45)

Dar Si Saïd L'excellent musée national du Tissage et du Tapis donne notamment les clés pour décrypter les nombreux symboles des tissages amazighs. (p. 40)

Place Jemaa-el-Fna Des troupes amazighes se produisent tous les soirs sur la place. (p. 34)

Vie nocturne

CHRIS GRIFFITHS/LONELY PLANET ©

Deux villes cohabitent à Marrakech, opposées à bien des égards. Si la médina, couche-tôt, est très calme après la nuit tombée à l'exception de la place Jemaa-el-Fna, la ville nouvelle est en revanche très animée. Bars, lounges et discothèques offrent aux fêtards des ambiances qui vont chercher leurs modèles de l'autre côté de la Méditerranée et de l'Atlantique.

Dans la médina

El Fenn Riad au top de l'élégance, avec un bar à cocktails sur le toit. (p. 69)

Kabana Toit-terrasse avec musique rythmée et vue sur la mosquée de la Koutoubia. (p. 50)

Kosybar Pour savourer une bière tout en contemplant les cigognes. (p. 103)

Café Arabe Cocktails face au coucher du soleil sur la médina. (p. 69)

Soirées à Guéliz

Baromètre Marrakech Bar en sous-sol spécialisé dans les cocktails expérimentaux. (photo ci-dessus ; p. 137)

68 Bar à Vin Ce sympathique bar à vins n'est pas réservé aux connaisseurs. (p. 137)

Kechmara La jeunesse *arty* se retrouve sur le *rooftop* de ce bar branché. (p. 139)

Café du Livre Une fois la nuit tombée, ambiance de pub locale garantie. (p. 139)

Sortir à Marrakech : bon à savoir

- Marrakech n'est pas vraiment une destination de clubbing. De nombreuses boîtes de nuit sont situées à l'extérieur de la ville (prévoir le budget pour un taxi). Elles sont onéreuses et s'animent après minuit.

- Dans la plupart des lieux servant de l'alcool, on s'attend à ce que vous commandiez également à manger (notamment dans la médina).

- Le Maroc possède une véritable industrie viticole. Les vins locaux, faciles à trouver, méritent d'être découverts.

Escapades

L'effervescence quotidienne de Marrakech n'est pas de tout repos. Après quelques jours, vous aurez peut-être envie d'une pause au bord d'une piscine à la campagne. Il existe des formules à la journée, comme autant d'antidotes à l'agitation des souks et à la poussière de la médina. Ces havres à l'ombre des palmiers invitent aussi à des séjours prolongés.

IMAGE PROFESSIONALS GMBH/ ALAMY STOCK PHOTO ©

Beldi Country Club (photo ci-dessus ; ☎0524 38 39 50 ; www.beldicountryclub.com ; forfait piscine 1 journée tarif plein/enfant 200/100 Dh, avec déj 390/250 Dh ; 🕐10h30-18h30). Un parc de 15 ha en dehors de la ville et destiné aux familles, avec plusieurs piscines et des activités variées (fabrication de pain, balades à cheval...). Choix d'articles artisanaux.

La Ferme Berbère (☎0661920941 ; www.fermeberbere.com ; déj avec accès piscine 200 Dh ; formule déj, piscine et hammam 495 Dh). Prenez place sur un transat, à l'ombre de la demeure, près du potager qui fournit les ingrédients du déjeuner. Parfait en famille, avec une formule déjeuner, piscine, hammam et tour à dos d'âne pour deux adultes et deux enfants à 910 Dh.

Riad Bledna (☎0661 18 20 90 ; www.riadbledna.com). Ce parc de 1,5 ha s'étend dans un quartier tranquille de la périphérie est de la ville. D'un bon rapport qualité/prix, le forfait à la journée (25 €) comprend l'accès à la piscine, le déjeuner (délicieux plats maison) et l'aller-retour depuis la place Jemaa-el-Fna.

Casa Taos (☎0661 200414 ; www.casataos.net). Hicham et sa famille de gourmets, qui ont le sens de l'hospitalité, louent de belles chambres dans une villa colorée. Les hôtes à la journée (dès 165 Dh/pers, supp pour déj à la carte) profitent de la piscine, sous les palmiers.

Jnane Tamsna (☎0524 328484 ; www.jnanetamsna.com). Développement durable et luxe. Plusieurs piscines. Déjeuner bio et accès piscines : 495/295 Dh par adulte/enfant.

Les formules : ce qui est inclus

- Serviettes, transat et accès aux douches sont compris dans les formules à la journée.
- Le déjeuner (hors boisson) est souvent inclus, mais pas le transport. Réservez au plus tard la veille.

Avec des enfants

DOUG MCKINLAY/LONELY PLANET ©

Entre les enfants et Marrakech, l'admiration est réciproque. Les enfants contempleront avec émerveillement les scènes de contes de fées qui se déroulent dans les souks et les artistes de rue qui animent la place Jemaa-el-Fna à la nuit tombée. Cela dit, il peut s'avérer éprouvant et compliqué de parcourir la ville avec un bébé ou un bambin et mieux vaut bien préparer les visites.

Dans la médina

Découvrez jardins et palais, faites une pause pour un jus frais sur un toit-terrasse et, entre 18h et 20h, savourez le spectacle des danseurs et musiciens (photo ci-dessus) sur la place Jemaa-el-Fna.

Activités

Oasiria (www.oasiria.com ; tarif plein/enfant 250/150 Dh ; 🕙10h-18h). Neuf bassins, un toboggan géant et un lagon sur le thème des pirates dans un parc.

Atelier Chef Tarik (www.atelier-chef-tarik.com). Potager bio et animaux : cette école de cuisine à la campagne séduit les enfants.

Creative Interactions (creative-interactions.com). Chasse au trésor dans la médina, ateliers de tatouages au henné en famille, cours d'arabe marocain, etc.

Terres d'Amanar (www.terresdamanar.com ; activités à partir de 100 Dh). Tyroliennes, parcours d'aventure en forêt, randonnée, VTT et promenades à cheval.

Pour bien voyager en famille

- Pour louer une voiture privée, demandez l'aide de votre hébergeur afin de vérifier la présence de ceintures fiables pour les sièges auto.
- Le petit matin est idéal pour flâner dans les souks (alors plus calmes) et observer les artisans à l'œuvre.
- Rues de la médina impraticables avec une poussette (optez pour un porte-bébé), absence d'espace de change... Vous devrez vous adapter !

Marrakech en 4 jours

Jour 1

DOUG MCKINLAY/LONELY PLANET ©

Allez dès le matin dans les souks centraux encore calmes. Enivrez-vous des odeurs des épices sur la **place Rahba Kedima** (p. 59) et admirez les beaux panneaux de bois sculpté du **Dar el-Bacha** (p. 63), avant de rejoindre **Le Jardin Secret** (p. 62).

L'après-midi, direction le sud et la casbah pour contempler les plafonds ouvragés du **palais de la Bahia** (p. 92), grimper sur les remparts du **palais el-Badi** (p. 99) en ruines et visiter la **synagogue Lazama** (p. 101). Réservez les **tombeaux saadiens** (photo ci-dessus ; p. 94) pour la lumière dorée de la fin de l'après-midi.

Dînez **place Jemaa-el-Fna** (p. 34), baladez-vous autour de la **mosquée de la Koutoubia** (p. 38) illuminée, puis revenez écouter la musique sur la place.

Jour 2

CHRIS GRIFFITHS/LONELY PLANET ©

Rejoignez en taxi Bab Debbagh et laissez-vous guider par l'odeur âcre des **tanneries** (p. 84). Faites une plongée dans le Maroc d'autrefois à la **Maison de la Photographie** (photo ci-dessus ; p. 78) et au **Musée orientaliste de Marrakech** (p. 83). Puis arrêtez-vous au **musée Boucharouite** (p. 83) pour découvrir des formes d'artisanat méconnues.

Admirez les décors et découvrez la diversité des musiques marocaines au **musée de Mouassine – musée de la Musique** (p. 63), puis furetez à la recherche de souvenirs au **souk Cherifia** (p. 71) et au concept-store **Max & Jan** (p. 71).

Offrez-vous un grand nettoyage et un coup de jeune au **Bain Bleu** (p. 65) ou dans le **Hammam Mouassine** (p. 65) public.

ALLIK/SHUTTERSTOCK ©

Filez le plus tôt possible au **Jardin Majorelle** (photo ci-dessus ; p. 120), sans omettre de visiter le Musée berbère. Prenez un billet combiné pour visiter, à côté, le superbe **musée Yves Saint Laurent** (p. 124).

Baladez-vous l'après-midi dans Guéliz (p. 128) au fil de ses bâtiments Art déco et de ses galeries d'art contemporain. Ou retournez dans la médina pour visiter le beau **Dar Si Saïd** (p. 40) et découvrir les collections ethnographiques du **Musée Tiskiwin** (p. 44).

Promenez-vous sur la très animée **place des Ferblantiers** (p. 97) en chemin vers la casbah pour assister, en soirée, à un concert ou à un événement culturel au **Cafe Clock** (p. 102).

LUIS DAFOS/ALAMY STOCK PHOTO ©

Découvrez un côté plus calme de la médina dans les *derbs* (venelles) qui serpentent autour de la rue Bab Doukkala avant de vous poser au **Henna Cafe** (p. 115) pour découvrir l'art des tatouages au henné. Sinon, faites un tour à vélo dans la médina avec **Pikala Bikes** (p. 111).

Quittez ensuite le centre-ville pour trouver un peu de fraîcheur. Offrez-vous un après-midi au **Beldi Country Club** (p. 22), où vous pourrez vous prélasser dans les bassins ou flâner à l'ombre des palmiers, parfait antidote aux heures de shopping dans les souks !

Terminez la soirée en beauté par un verre sur un toit-terrasse de la médina, à l'élégant **El Fenn** (p. 69), au très animé **Kabana** (p. 50) ou au très populaire **Café Arabe** (photo ci-dessus ; p. 69).

Les basiques

Pour des informations détaillées, voir le *Carnet pratique* (p. 143).

Monnaie
Dirham marocain (Dh)

Langues
Arabe, tamazight, français

Formalités
Pas de visa pour les ressortissants de l'UE, les Suisses et les Canadiens pour un séjour inférieur à 3 mois.

Argent
Nombreux distributeurs. Carte bancaire acceptée dans les hébergements et restaurants haut de gamme, pas toujours dans les riads de catégorie moyenne.

Téléphone portable
Bonne couverture réseau ; cartes SIM locales bon marché.

Heure locale
GMT/UTC + 1 heure (heure GMT durant le ramadan). Quand il est 12h à Paris, il est 11h/12h en été/hiver au Maroc.

Pourboire
Fréquent, pour tous types de services.

Budget quotidien

Moins de 750 Dh

Chambre double bon marché : 300-450 Dh

Entrée dans un musée (peu cher) : 30-50 Dh

Tajine dans un restaurant populaire : 35-60 Dh

Animations du soir sur la place Jemaa-el-Fna : gratuites (prévoir un pourboire)

De 750 à 1 400 Dh

Chambre double dans un riad : 550-900 Dh

Menu déjeuner (3 plats) : 120-170 Dh

Verre de vin : 50-60 Dh

Visite d'une demi-journée de la ville à vélo : 350 Dh

Plus de 1 400 Dh

Double dans un riad de catégorie supérieure : à partir de 900 Dh

Dîner dans un restaurant de luxe : 300-600 Dh

Cocktail dans un bar : 100-150 Dh

Hammam privé (bain et gommage) : à partir de 250 Dh

À prévoir

Trois mois avant Réservez pour loger dans un riad, surtout en haute saison (mars-mai et oct-déc) – la plupart n'ont que 4 à 6 chambres.
Un mois avant Réservez pour les activités, comme des cours de cuisine (places limitées) ; prenez vos billets sur Internet pour le Jardin Majorelle.
Deux jours avant Envoyez un mail pour rappeler votre venue et votre horaire de vol si vous avez demandé à votre hébergement de venir vous chercher. Regardez la météo.

Arriver à Marrakech

Aéroport de Marrakech-Ménara

Depuis l'aéroport, le bus n°19 (30 Dh ; ttes les 30 min, 6h15-21h30) dessert la place Jemaa-el-Fna. Les petits taxis qui stationnent devant le hall des arrivées exagèrent souvent les prix. Demandez à votre hébergement de vous réserver un transfert (150-200 Dh).

Gare ferroviaire

Négociez pour ne pas payer plus de 20 Dh (tarif au compteur) pour rejoindre la médina en taxi. Le bus n° 10 (4 Dh ; ttes les 20 min, 6h-22h) dessert la place Jemaa-el-Fna.

Gares routières CTM et Supratours

Les taxis qui stationnent sur le parking des bus demandent 50 Dh pour la place Jemaa-el-Fna. Le bus n° 10 passe sur l'avenue Hassan II.

Comment circuler

À pied

La ville est plate et son centre est petit : on circule facilement à pied. La majeure partie de la médina est interdite aux voitures.

Taxi

Les petits taxis beiges constituent le moyen de transport le plus rapide. Ils sont nombreux et équipés de compteurs – que certains chauffeurs n'enclenchent pas volontiers.

Bus

Fréquents et pas chers, mais bondés (et chauds) ; utiles pour faire des sauts entre Guéliz et la médina.

Calèche

Un moyen plaisant pour aller par exemple de la place Jemaa-el-Fna à des sites comme le Jardin Majorelle.

Les quartiers de Marrakech

Guéliz et la ville nouvelle (p. 119)
Avenues rectilignes, galeries d'art, restaurants chics, parcs, enseignes internationales...
La ville nouvelle est à bien des égards l'opposé de la médina.

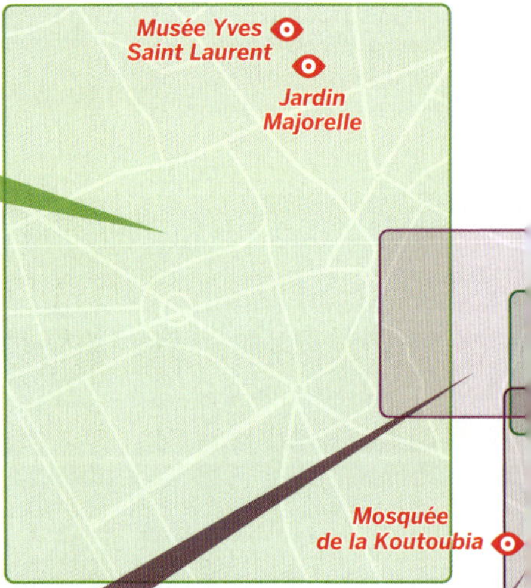

Bab Doukkala et Riad Laârous (p. 107)
Avec son marché alimentaire quotidien et ses ruelles ornées d'œuvres de *street art*, le sympathique quartier résidentiel de Bab Doukkala mérite le détour.

Place Jemaa-el-Fna et centre-sud de la médina (p. 33)
Entre culture, charme et chaos, la "place" est un lieu d'intense activité, le coeur battant de Marrakech.

Mouassine et les souks centraux (p. 57)

Doté de nombreux riads, Mouassine est un lieu de séjour idéal dans la médina. Les boutiques contemporaines côtoient ici la frénésie des souks.

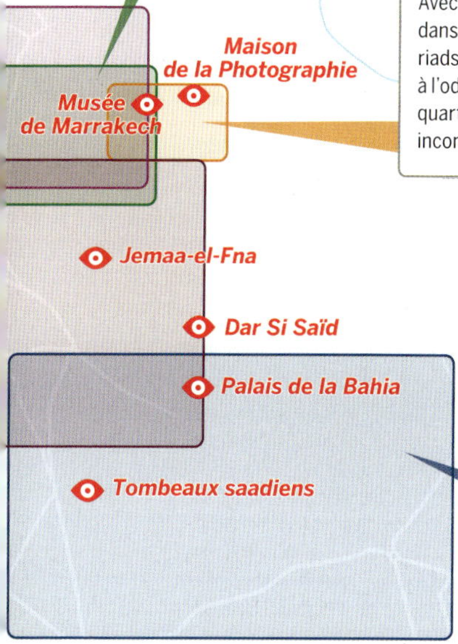

Kaat Benahid et Bab Debbagh (p. 77)

Avec de beaux musées, dans un palais et des riads, et des tanneries à l'odeur âcre, ce vieux quartier de la médina est incontournable.

La casbah et le mellah (p. 91)

La casbah, la citadelle des Almoravides qui servait aussi d'ensemble palatial aux sultans, recèle des sites historiques majeurs. Le *mellah* est l'ancien quartier juif de la ville.

Explorer
Marrakech

Promenades à pied

Promenade à vélo

Étals de souvenirs BALATE DORIN/SHUTTERSTOCK ©

Explorer

Place Jemaa-el-Fna et centre-sud de la médina

El-Fna, "la place", est un lieu d'intense activité de l'aube jusqu'au milieu de la nuit. Elle aimante les foules avec son animation permanente, mélange hétéroclite de spectacles de rue, de stands de vendeurs de potions et d'étals de nourriture qui s'installent à la nuit tombée. À deux pas des souks, Jemaa-el-Fna est le cœur vibrant de Marrakech.

Notre sélection

- ***Place Jemaa-el-Fna (p. 34)***. *Le soir, la foule afflue sur cette place d'où se dégage une incroyable énergie.*
- ***Mosquée de la Koutoubia (p. 38)***. *Son minaret est un modèle d'architecture à la décoration raffinée.*
- ***Dar Si Saïd (p. 40)***. *Le musée du Textile vous livrera les secrets des trames et tissages des tapis marocains.*
- ***Musée Tiskiwin (p. 44)***. *Une vaste collection d'art populaire marocain et une approche originale.*
- ***Allée des Méchouis (p. 47)***. *Les Marrakchis viennent s'y régaler d'agneau lentement rôti.*

Comment y aller et circuler

La place Jemaa-el-Fna se trouve au centre de la médina ; la plupart des rues y mènent.

Les taxis peuvent vous déposer sur la place jusqu'à 14h.

Le n°1, depuis Guéliz, et le n°11, depuis Bab Doukkala, desservent rapidement la place.

Plan du quartier p. 42

Vue de la place Jemaa-el-Fna (p. 34) FRANK FELL MEDIA/SHUTTERSTOCK ©

Les incontournables

Place Jemaa-el-Fna

C'est l'une des plus belles scènes du monde : où que l'on porte le regard, un spectacle est en cours. Depuis près d'un millénaire, halka *(théâtre de rue), danses hypnotiques, potions, flûtes lancinantes des charmeurs de serpents, tambours des gnawas, étals de nourriture fumante enivrent les passants d'images, de sons et de saveurs.*

PLAN P. 42, D3

Près de la place de Foucauld

Histoire

La place Jemaa-el-Fna a pris vie au XIe siècle, dans la foulée de la fondation de la ville par les Almoravides. Historiens et Marrakchis se disputent sur l'origine de son nom. Selon certains, il signifie "l'assemblée des morts" car la place aurait jadis été le lieu d'exécutions publiques. D'autres le traduisent par "la mosquée des morts" en référence à l'effondrement partiel, au XVIIIe siècle, de la mosquée de la Koutoubia voisine, lors duquel des fidèles furent ensevelis.

Durant des siècles, la place a accueilli un gigantesque marché alimentaire où affluaient chaque jour des marchands descendus des montagnes qui plantaient leurs tentes en toile sur la place. On peut en voir des photos à la Maison de la Photographie (p. 78). Les bâtiments qui entourent Jemaa-el-Fna et en définissent les limites furent érigés sous le protectorat français.

Les matins calmes

Baladez-vous le matin sur la place quand elle est encore à moitié vide. Puis observez l'animation qui monte. Les vendeurs de jus d'orange sont les premiers à entrer en scène, avec les charmeurs de serpents aux paniers de cobras. Dentistes zélés, vendeurs de potions, tatoueuses au henné commencent ensuite à s'installer sous des parasols.

La frénésie du soir

Vers 16h, les stands de nourriture locale s'établissent doucement pour la soirée. Puis au coucher du soleil, dès lors que les troupes amazighes (berbères) et les musiciens gnawas donnent le ton, Jemaa-el-Fna aimante les foules. La fête se prolonge jusque vers 1h du matin. Pour changer d'angle de vue, prenez place dans l'un des cafés sur les toits qui bordent la place (p. 48).

★ À savoir

- Prévoyez une réserve de pièces pour les chapeaux des artistes de rue. Quelques dirhams suffisent (un peu plus si vous prenez des photos).
- Arrivez en début de soirée pour vous asseoir sur les tabourets de la place (réservés en priorité aux femmes et aux personnes âgées).
- Attention à la circulation des motos, des voitures et des calèches avant 14h ; gare aux pickpockets.
- Vous verrez des singes enchaînés parader pour les touristes. Nous déconseillons ces spectacles.

✕ Une petite pause ?

- Savourez un thé à la menthe au Grand Balcon du Café Glacier (p. 48).
- Pour quelque chose de plus consistant, allez sur le stand de Hadj Mustapha (p. 47). Il sert la meilleure *tanjia* (plat de viande cuit dans un pot en terre) de la ville.

Jemaa-el-Fna : un espace culturel traditionnel menacé ?

Patrimoine artistique protégé par le Maroc depuis 1922, la place Jemaa-el-Fna a été proclamée Patrimoine culturel immatériel de l'humanité en 2001 (et inscrite sur la liste représentative en 2008). Toutefois, l'Unesco a mis en garde contre la "sérieuse menace" que font peser sur cet espace culturel traditionnel l'urbanisation et l'acculturation, notamment liée au développement du tourisme.

Durant des siècles, cette place a été un théâtre où se produisaient danseurs gnawas, devins, acrobates et surtout *hikayat* (conteurs). Aujourd'hui, les conteurs sont partis et, avec eux, de nombreux artistes traditionnels. Jemaa-el-Fna reste le cœur vibrant de la médina, mais comme ses habitants, elle a évolué avec le temps. Son image du XXIe siècle est surtout associée aux musiciens et à la cuisine locale.

Dîner sur la place Jemaa-el-Fna

Soupe d'escargots épicée, brochettes de cœur, tajines ou poisson grillé : goûtez au moins une fois les spécialités culinaires marocaines proposées sur les étals de la place. Pour en profiter sans risque, préférez les stands qui attirent du monde, lavez-vous les mains avant de manger, servez-vous du pain plutôt que des couverts, et buvez de l'eau filtrée ou en bouteille.

Les stands sont disposés selon un quadrillage, avec chacun un

Stands de nourriture, place Jemaa-el-Fna

La tradition des conteurs

Le *hikayat*, l'art de conter des histoires, est une tradition ancienne à Marrakech. Des histoires imprégnées de mythologie, des récits épiques d'actes héroïques ou des contes moraux ont été repris de génération en génération pendant des siècles par des conteurs dont les talents narratifs étaient très appréciés et recherchés. Cette forme d'art populaire n'était pas qu'un divertissement. Elle servait aussi à transmettre les connaissances et le patrimoine culturel.

La place Jemaa-el-Fna serait devenue le lieu de prédilection des conteurs dès le XIe siècle. C'est notamment en raison de cette tradition ancienne qu'elle figure au Patrimoine mondial de l'Unesco.

Mais aujourd'hui, il n'y a plus de conteurs sur la place. Ils ont en effet perdu de leur importance après l'apparition de la radio, de la télévision et d'Internet. Les conteurs traditionnels de la place Jemaa-el-Fna, qui avaient perfectionné leur art au fil des ans en s'appropriant les légendes anciennes, sont à la retraite ou sont partis. La place accueille à présent des manifestations musicales et des spectacles plus bruyants.

Le *hikayat* suscite cependant un regain d'intérêt et des actions sont entreprises pour sa sauvegarde. Le Cafe Clock (p. 102) a ainsi instauré un partenariat entre un célèbre conteur de la place et un groupe de jeunes apprentis qui racontent les histoires en anglais, afin de toucher un public plus large.

emplacement numéroté. Ceux qui cuisinent les escargots sont alignés du côté est. Pour les poissons frits et les calamars, installez-vous au stand n°14. Pour les brochettes, les tajines et la *harira* (soupe avec viande, tomates, lentilles, pois chiches, oignons, safran et coriandre), recherchez la charmante dame appelée Aïcha qui tient le stand n°1 à l'angle sud-ouest.

Après le dîner, allez prendre un thé Chez Mohammed (stand n°71), à la lisière sud des étals. La spécialité, ici, est le *khoudenjal*, un thé chaud au gingembre, avec cannelle, macis (fleur de muscade) et cardamome, servi avec une boule de gâteau dense et collant, tout aussi épicé. Parfait pour terminer en beauté votre repas.

Au sud de la place Jemaa-el-Fna

Les rues Riad Zitoun el-Jedid et Riad Zitoun el-Kedim, qui suivent un tracé parallèle en filant vers le sud, sont formidables pour le shopping. On y trouve à peu près les mêmes articles d'artisanat que dans les souks au nord, mais les marchands sont plus décontractés et les groupes de touristes, plus rares.

Les incontournables

Mosquée de la Koutoubia

L'appel à la prière du muezzin de la Koutoubia résonne cinq fois par jour sur la place Jemaa-el-Fna. Le minaret de la mosquée domine la vieille ville depuis son édification par les Almohades, au XIIe siècle. Décoré d'un réseau d'entrelacs représentatif de l'art de la dynastie des Almohades, c'est aujourd'hui le monument emblématique de Marrakech.

PLAN P. 42, A5

Angle rue el-Koutoubia et av. Mohammed V

Interdite aux non-musulmans

Minaret

Haut de 70 m (77 m jusqu'au sommet de la flèche), le minaret de la mosquée a inspiré les architectes pour la construction de la Giralda de Séville et de la tour Hassan de Rabat. C'est une tour carrée, typique de l'art amazigh, surmontée d'un haut lanternon couvert d'une coupole côtelée. Admirez la décoration de sa partie supérieure illustrant tout l'art des entrelacs et les dentelles de merlons qui coiffent ses parois verticales.

À l'intérieur, il n'y a pas d'escalier, mais une rampe que le muezzin gravissait jadis à cheval pour aller lancer l'appel à la prière.

Flèche

Le lanternon est surmonté d'une flèche à laquelle sont fixées trois boules de cuivre doré qui étincellent au soleil. Devant la flèche, une hampe en bois pointe la direction de la Mecque (comme sur toutes les mosquées de la médina) et sert de porte-drapeau lors des fêtes religieuses.

Ruines de la salle des prières

Du côté nord-ouest du minaret subsistent des vestiges de la salle de prière d'origine de la mosquée. On raconte qu'elle se serait effondrée durant le terrible tremblement de terre de Lisbonne, en 1755, et aurait fait en s'écroulant des centaines de morts (c'est l'une des origines supposées du nom Jemaa-el-Fna, voir p. 35). Des recherches laissent penser que c'est plausible. La porte d'entrée historique se dresse toujours au nord du minaret de la Koutoubia. Le mur du fond des ruines porte la trace des arches qui auraient soutenu le plafond. Les vestiges au sol proviennent des colonnes de la salle ; ils restent in situ, en guise de mémorial.

★ À savoir

- Les non-musulmans ne sont pas autorisés à entrer dans la mosquée, mais on peut apercevoir l'intérieur lorsque les portes sont grandes ouvertes pour les prières du vendredi.
- Pour photographier le minaret sous le meilleur angle, placez-vous sous l'arcade à gauche de l'entrée principale.
- Le minbar d'origine de la Koutoubia est conservé au palais el-Badi (p. 99).
- Pour échapper à l'animation de la place Jemaa-el-Fna, faites une pause dans les jardins plantés de palmiers de la Koutoubia (p. 45), derrière la mosquée.

✕ Une petite pause ?

- Goûtez les gâteaux réputés de la Pâtisserie des Princes (p. 48), où les glaces sont également délicieuses.
- Rejoignez le **Café el Koutoubia** (p. 50), un charmant café à l'ancienne, de l'autre côté de la rue, pour un thé à la menthe avec vue sur le minaret.

Les incontournables

Dar Si Saïd

Ce palais du XIXe siècle était la résidence de Si Saïd, frère du grand vizir Ahmed Ben Moussa qui fit construire le palais de la Bahia. Bien que de dimensions plus modestes, il présente de nombreuses similitudes architecturales avec ce dernier. Après une importante restauration, c'est aussi un merveilleux écrin pour l'excellent musée national du Tissage et du Tapis.

PLAN P. 42, F5

0524 38 95 64

www.fnm.ma ; www.facebook.com/MuseeDarSiSaid/

Derb Si Saïd, rue Riad Zitoun el-Jedid

Tarif plein/enfant 30/15 Dh

10h-18h mer-lun

Salles du rez-de-chaussée

Repérez sur la carte murale les différents lieux de production de tapis au Maroc avant de visiter les salles divisées par régions : le Haut Atlas dont les tapis se caractérisent par une laine de grande qualité, des couleurs naturelles et des motifs inspirés de l'environnement ; le Moyen Atlas où dominent les motifs géométriques dans les tons noir, blanc, bleu et vert ; l'Anti-Atlas aux tapis à bandes multicolores.

Les présentoirs de textiles permettent aussi de découvrir les tapis du Haouz de Marrakech, les tapis orientaux de l'extrême Nord et les tissages ruraux riches en symboles amazighs. Des projections de films complètent les commentaires et explications sur les techniques de tissage et les symboles associés aux motifs. L'aile ouest accueille des expositions temporaires.

Cour intérieure

Les salles du rez-de-chaussée s'ouvrent sur une cour intérieure dotée d'une fontaine protégée par une gloriette au plafond délicatement peint. Tout autour de la cour, des arcades décorées de riches ornementations conduisent à des pièces où sont exposées des collections de bijoux amazighs, d'armes du XIXe siècle et de tissages ruraux.

Salle des mariages

Au 1er étage, en haut d'un étroit escalier, la spectaculaire salle des mariages coiffée d'une coupole est attribuée à des artisans de Fès. Le vaste salon principal, au plafond en bois de cèdre peint de couleurs vives, est flanqué de balcons où se tenaient les musiciens. Dans les étages supérieurs, on découvre des tapis urbains et un métier à tisser en bois grandeur nature, comme on en voit encore dans certains ateliers traditionnels tels que Bennouna Faissal (p. 87).

★ À savoir

- Si la présence de trop nombreux visiteurs au palais de la Bahia vous a empêché de contempler à votre aise les plafonds en bois de cèdre peint, sachez que vous pourrez admirer dans les étages du Dar Si Saïd de très beaux exemples de *zouak* (bois sculpté peint). Remarquez également les arcades magnifiquement décorées qui jalonnent la cour.
- Prévoyez de visiter le musée Tiskiwin (p. 44) après le Dar Si Said : il est à 2 minutes à pied.

Une petite pause ?

- Revenez vers la place Jemaa-el-Fna par la rue Riad Zitoun el-Jedid pour avaler un sandwich et une bière sur la terrasse d'Un Déjeuner à Marrakech (p. 48).
- Sinon, goûtez les authentiques plats libanais de l'élégant Naranj (p. 45).

Place Jemaa-el-Fna et centre-sud de la médina

A
B
C
D
E
F
5
6
7
8
CASBAH
MELLAH
SIDI MIMOUN
Place des Ferblantiers
Rue Uqba bin Nafaa
Rue Bab Mellah
Rue Sidi Mimoun
Rue ibn Rachid
Av. Houmane el-Fetouaki
Rue Lalla Rkia
Rue Bani Marine
Rue Riad el-Moukha
Av. el-Mouahidine
Rue Bab Agnaou
Rue Sidi Bouloukat
Rue de la Recette
Rue Riad Zitoun el-Kedim
Rue Riad Zitoun el-Jedid
Derb Jedid
Rue de la Bahia
Musée de l'Art culinaire marocain
Musée Tiskiwin
Dar Si Saïd
Mosquée de la Koutoubia
Jardins de la Koutoubia
1
2
4
7
9
11
12
13
15
16
17
25
26
27
28
29
30
35

Découvrir

Musée Tiskiwin

MUSÉE

1 PLAN P. 42, F6

La collection accumulée par Bert Flint, Néerlandais et Marocain d'adoption, dans ce joli riad vous entraîne à la rencontre des cultures matérielles des berbérophones, de Marrakech à Tombouctou. Chaque salle contient des objets représentatifs d'une étape sur la piste des caravanes, des selles de chameaux touareg aux tapis du Moyen Atlas. Une place particulière est accordée à l'art de la parure. Une approche originale et un aperçu passionnant du passé de Marrakech, à travers ses liens avec le monde saharien et subsaharien. (0524 38 91 92 ; www.tiskiwin.com ; 8 rue de la Bahia ; tarif plein/enfant 30/10 Dh ; 9h-12h30 et 14h30-18h)

Musée de l'Art culinaire marocain

MUSÉE

2 PLAN P. 42, F6

Ce musée, ouvert fin 2019, était, du fait de la pandémie, fermé jusqu'à nouvel ordre au moment de notre passage. Aménagé dans un riad, il présente sur trois niveaux, dans des sections distinctes, les différents types de cuisine, des soupes aux pâtisseries et à la cuisine de rue. Des commentaires font revivre l'histoire de ce patrimoine. Cours de cuisine du lundi au samedi et démonstrations de préparation

Jardins de la Koutoubia

OLENA Z/SHUTTERSTOCK ©

du thé. (☎ 0524427177 ; rue de la Bahia, Riad Zitoun el-Jedid ; tarif plein/enfant 60 Dh/gratuit, cours 500 Dh ; 🕘 9h-18h)

Musée du Patrimoine MUSÉE

3 PLAN P. 42, E1

Fermé au moment de notre passage, cet ancien riad appartenant à la famille Alouani Bibi abrite une collection éclectique d'objets marocains : costumes et bijoux amazighs, minbars, amphores romaines... Elle couvre un large pan de l'histoire et de la culture du pays. (25 Zinkat Rahba ; tarif plein/enfant 50/20 Dh ; 🕘 9h-18h)

Jardins de la Koutoubia PARC

4 PLAN P. 42, A5

Les Marrakchis apprécient ce parc planté de palmiers qui s'étend derrière la mosquée. Si après avoir esquivé les motos dans les étroites ruelles de la médina, vous avez envie d'un moment de quiétude, allez vous promener ou vous asseoir sur un banc, tout en profitant de la vue sur le minaret de la Koutoubia. (av. Mohammed V ; 🕘 8h-20h)

Comment s'... dans la médina

Dans la ville nouvelle, ... porter un short et un débardeur ne pose pas de problème. Mais la médina est plus traditionnelle. Aussi, que vous soyez un homme ou une femme, il est recommandé d'éviter de porter des shorts, des T-shirts sans manche et des tenues courtes, pour ne pas risquer d'heurter les sensibilités et de mettre vos interlocuteurs mal à l'aise. Pour vous faire accepter, surtout par la population plus âgée, privilégiez les vêtements passe-partout.

Se restaurer

Naranj LIBANAIS €€

5 PLAN P. 42, F4

Ce restaurant sert les classiques de la cuisine libanaise revisités avec une touche contemporaine dans un cadre raffiné – miroirs en forme de *khamsa* (amulette représentant une main), suspensions basses en cuivre et sièges de bar qui ne dépareraient pas dans un quartier branché de Beyrouth. Montez directement sur la belle terrasse à deux niveaux et commandez ce qui vous fait envie, avec des falafels. (☎ 0524 38 68 05 ; www.naranj.ma ; 84 rue Riad Zitoun el-Jedid ; plats 60-155 Dh ; 🕘 12h-22h lun-sam ; 📶 🍸)

PepeNero ITALIEN €€€

6 PLAN P. 42, F4

Dans une partie du Riad al Moussika, ancien palais de plaisirs du pacha Thami el Glaoui, ce restaurant italo-marocain est une excellente adresse.

, à
ns des
éatives
à la
nple.
du
nbre
on
67 ;
om ;
17 derb Cherkaoui ; plats …-220 Dh ;
19h30-23h30 mar-dim ;)

La Famille

MÉDITERRANÉEN **€€**

7 PLAN P. 42, F5

Entrer dans la ruelle de La Famille est un peu comme pénétrer dans l'armoire magique de Narnia : un monde totalement différent vous attend dans ce café-jardin verdoyant, cocon à l'abri de la poussière des souks. Le menu, sain, végétarien et créatif, change tous les jours, avec des plats comme les gnocchis de choux de Bruxelles au parmesan, zeste d'orange et figues séchées ou la salade d'orge au fromage à l'ail, pois chiches et poire. (0524385295 ; 42 rue Riad Zitoun el-Jedid ; plats 85-95 Dh ; 12h-16h lun-sam ;)

Marrakech fait son cinéma

Durant une semaine, la ville déroule les tapis rouges pour accueillir les stars du monde entier à l'occasion du **Festival international du film de Marrakech** (www.festivalmarrakech.info ; nov), lancé en 2001 par le producteur Daniel Toscan du Plantier. Des projections spéciales et des ateliers ont lieu dans différents lieux, notamment au musée Yves Saint Laurent. Également : séances sur la place Jemaa-el-Fna.

Corner Cafe

MAROCAIN **€€**

8 PLAN P. 42, E2

Faufilez-vous dans les escaliers et sur la mezzanine de ce café de poche où vous allez vous régaler. La simplicité de la carte – avec tajines, couscous, kebabs, pastillas et burgers (versions végétariennes disponibles) – ne laisse pas présager la superbe présentation des plats qui sortent de la cuisine – admirez la salade de fruits ! (0524428307 ; 18bis Kennaria ; plats 70-90 Dh ; 10h-22h mar-dim ;)

Fox Art Food

CAFÉ **€**

9 PLAN P. 42, E6

Ce sympathique café sur lequel veille une tête de renard est tenu par des artistes locaux qui financent ainsi leurs travaux. Installez-vous sur un tabouret en matériaux recyclés pour commander votre déjeuner parmi le petit choix de brochettes, burgers, sandwichs et tajines. Les végétariens apprécieront le millefeuille d'avocat ou le burger végétarien. (Riad Zitoun el-Kedim ; plats 45-80 Dh ; 10h-21h30 ;)

Dans l'allée des Méchouis

À l'heure du déjeuner, les vendeurs de cet alignement d'**étals** (plan p. 42, D2 ; est du souk Ableuh ; agneau rôti 45-70 Dh ; 11h-14h) découpent d'énormes tranches de mouton rôti fumantes. Avancez-vous, désignez du doigt le morceau qui vous tente et demandez un *nuss* (demi-kilo) ou un *rubb* (quart de kilo). Vous devrez peut-être marchander, avant de déguster de l'agneau avec du pain frais, du cumin et du sel, que vous pourrez acheter au souk Ableuh mitoyen. Optez pour la formule à emporter ou consommez sur place, assis derrière le comptoir à côté du four enterré dans le sol où cuit le mouton.

L'entrée sud de l'allée est réputée pour le *tanjia* (nom de la jarre en terre scellée dans laquelle mijote ce ragoût) de **Hadj Mustapha** (plan p. 42, D3 ; est du souk Ableuh ; *tanjia* avec du pain 75 Dh ; 12h-23h). Utilisez le pain en guise de cuillère pour déguster la viande fondante.

Zeitoun Cafe

MAROCAIN **€€**

10 PLAN P. 42, D3

Ce restaurant familial possède les plus belles terrasses à plusieurs niveaux de la place Jemaa-el-Fna. C'est un plaisir de s'y attarder en dégustant une honnête cuisine marocaine, face à une vue de choix. Le menu enfant (50 Dh) et le lait chaud à la fleur d'oranger font le bonheur des petits. Les curieux pourront goûter la *tanjia* de chameau. (0524427570 ; www.zeitouncafe.com ; 107 place Jemaa-el-Fna ; plats 85-150 Dh ; 9h-1h ;)

Marrakech Henna Art Cafe

CAFÉ **€**

11 PLAN P. 42, D5

Ce charmant café et galerie d'art, avec terrasse sur le toit, offre une carte végétarienne et végane comportant divers plats d'Afrique du Nord, des sandwichs, des wraps et des salades (l'omelette berbère a beaucoup de succès). Il expose les œuvres d'artistes locaux et des objets amazighs, et propose des tatouages au henné (50-300 Dh). (0524 38 14 10 ; www.marrakechhennaartcafe.com ; 35 derb Siquya ; plats 40-70 Dh ; 12h-20h jeu-mar ;)

BlackChich

AFRICAIN **€€**

12 PLAN P. 42, F5

Installé sur plusieurs niveaux dans une ancienne église britannique (d'où la cloche sur son logo), ce restaurant décontracté sert des assiettes sénégalaises et de bons plats (nord-)africains moins connus (portions copieuses). Goûtez le poulet en croûte de *dukkah* égyptien, au miel et à la menthe, accompagné d'un milk-shake banane-datte ou

Un verre avec vue sur Jemaa-el-Fna

Pour prendre toute la mesure des dimensions et de l'animation de la place Jemaa-el-Fna, rien ne vaut un toit-terrasse. Voici une sélection.

Grand Balcon du Café Glacier (plan p. 42, D4 ; Jemaa-el-Fna ; 9h-23h). Le spot parfait pour voir les deux côtés de la place.

Zeitoun Cafe (p. 47). Outre la vue, il propose la meilleure cuisine et un menu enfant.

Taj'in Darna (plan p. 42, D4 ; www.facebook.com/TajinDarna ; 50 Jemaa-el-Fna ; 9h-0h ; wifi). Petit-déjeuner à prix modique, et bon service.

Café de France (plan p. 42, D3 ; Jemaa-el-Fna ; 8h-22h). Une institution – où il faut accepter la bousculade, les prix élevés et le service inégal.

d'une limonade maison avec de la menthe fraîche. Vue pittoresque sur la médina depuis la terrasse sur le toit. (0654850600 ; 1 derb Nakouss, Riad Zitoun el-Jedid ; plats 70-90 Dh ; 12h-22h30)

Pâtisserie des Princes

PÂTISSERIE **€**

13 PLAN P. 42, C5

Voici l'une des pâtisseries les plus réputées de la ville, notamment pour ses cornes de gazelle. Ses glaces sont notamment excellentes, avec des parfums comme datte, figue et orange. Agréable petit salon de thé à l'arrière. (0524 44 30 33 ; 32 rue de Bab Agnaou ; boule de glace 9 Dh, petits-fours 200 Dh/kg ; 7h-23h)

Café Kessabine

MAROCAIN **€€**

14 PLAN P. 42, E2

Certes, le Kessabine ne jouit pas du même panorama de la place Jemaa-el-Fna que d'autres cafés – niché à l'angle nord-est, il possède deux terrasses qui se font face. Mais il se distingue par son atmosphère détendue, un peu bohème. Tajines, pastillas, *briouat* (feuilletés), *tanjia*, méchoui : tous les classiques marocains figurent sur la carte. Mention spéciale pour le petit-déjeuner marocain (40 Dh). (0665 29 37 96 ; 77 souk Quessabine ; plats 40-95 Dh ; 9h-23h30 ; wifi)

Un Déjeuner à Marrakech

MÉDITERRANÉEN **€€**

15 PLAN P. 42, F5

Très fréquenté au déjeuner, ce restaurant propose une carte maroco-méditerranéenne comprenant aussi bien du couscous de bœuf confit au navet ou du tajine de légumes et olives que du poisson grillé au fenouil. Les plats sont particulièrement raffinés. Le toit-terrasse bordé de cactus invite à s'attarder autour d'un verre de vin. (0524 37 83 87 ; 2-4 rue Riad Zitoun el-Jedid, angle rue Douar Graoua ; plats 90-135 Dh ; 11h-22h ;)

Earth Café

VÉGÉTARIEN **€€**

16 PLAN P. 42, D5

Ce petit café, situé en plein cœur des souks, brille par ses ambitions culinaires 100% végétariennes. Vous n'aurez aucun mal à y trouver votre portion quotidienne de fruits et légumes, entre burgers veggie, poêlées et assiettes véganes. Et pour le cadre : une pittoresque maison pleine de recoins et dotée de terrasses. (0661 28 94 02 ; 2 derb Zeouak ; plats 70 Dh ; 10h-22h ;)

Laiterie Ghita

MAROCAIN **€**

17 PLAN P. 42, F5

Un café-bar de quartier, très propre, où les employés des riads viennent déjeuner d'un *batbout* (petit pain garni au fromage et à l'œuf), accompagné d'un thé à la menthe ou d'un jus de fruits frais. Allez-y entre 17h30 et 21h quand une dame installe un stand de plaques chauffantes pour préparer de délicieux *mlawi* (pain plat à base de semoule de blé) farcis de *khlii* (lanières de bœuf salé et épicé) et arrosés de *smen* (beurre fermenté) : un régal ! (rue Riad Zitoun el-Jedid ; sandwichs 5-10 Dh ; 7h30-21h)

Zeitoun Cafe (p. 47)

DOUG MCKINLAY/LONELY PLANET ©

Les Jardins de la Koutoubia

Prendre un verre

Kabana

BAR SUR LE TOIT

18 PLAN P. 42, A3

Mobilier vintage, matériaux naturels et imprimés palmiers donnent un côté bobo chic à ce bar sur le toit, animé et décontracté, d'où l'on a vue sur la Koutoubia. Quand les soirées sont fraîches, les employés distribuent des couvertures ; les jours de pluie, on peut s'installer à l'intérieur, sous les lanternes. Goûtez aux cocktails maison sur le thème du voyage, en prenant le temps. (0808510684 ; www.kabana-marrakech.com ; rue Fatima Zohra ; 11h30-2h ;)

Café el Koutoubia

CAFÉ

19 PLAN P. 42, A4

La terrasse sur rue de ce café au charme désuet offre une vue magnifique sur le minaret de la Koutoubia, juste en face. Malgré son emplacement touristique, l'établissement a un caractère bien local : il est apprécié des vieux Marrakchis en djellaba et des hommes d'affaires en costume, auxquels se joignent à l'occasion quelques hipsters. (av. Mohammed V ; 10h-19h ;)

Le Salama

BAR

20 PLAN P. 42, D3

À défaut d'englober la place Jemaa-el-Fna, la vue à 360° du "*sky bar*" du Salama entouré de baies vitrées n'en est pas moins superbe, surtout au coucher du soleil. C'est un lieu charmant pour prendre un verre, sur fond de rythmes moyen-orientaux et sous une dégringolade de feuillage. En bonus : le *happy hour* (deux boissons pour le prix d'une) dure presque toute la journée. (☎0524 39 13 00 ; www.facebook.com/lesalamamarrakech ; 40 rue des Banques ; ⌚11h-1h ; wifi)

Les Jardins de la Koutoubia

BARS

21 PLAN P. 42, B3

Cet hôtel des années 1920 présente un double attrait. En fin de journée, montez au bar sur le toit-terrasse (Sky Bar), un havre secret agrémenté d'élégants lits de repos disposés à l'ombre et de fontaines, et doté d'une carte de chichas. Quand la nuit tombe, descendez déguster un long drink lové dans un fauteuil-club sous les plafonds en cèdre du bar du rez-de-chaussée, le plus chic de la médina. Pour accéder au Sky Bar, montez au 3e étage par l'ascenseur situé à l'angle nord-ouest (derrière la piscine). (☎0524 38 88 00 ; www.lesjardinsdelakoutoubia.com ; 26 rue el-Koutoubia ; ⌚15h-23h)

Café Semmarine

CAFÉ

22 PLAN P. 42, D1

Niché en retrait de l'agitation de la rue Semmarine, derrière une entrée en bois sertie de vitraux, ce café à l'ancienne impeccable possède une toute petite terrasse sur l'avant qui fait un excellent poste pour observer marchands et chalands, en savourant un excellent café. (Souk Semmarine ; ⌚8h-22h)

Kafé Fnaque Berbère

CAFÉ

23 PLAN P. 42, C2

La librairie qui rendait ce café unique a hélas disparu. Reste

L'électro mène la danse

La musique a toujours fait vibrer Marrakech, qui vit aujourd'hui aussi au rythme des fêtes dopées à l'électro. Les festivals de musique électronique fleurissent, attirant à la fois des artistes locaux et des DJ internationaux. Guettez ceux-ci :

Oasis Festival (theoasisfest.com ; Fellah Hotel ; ⌚sept). Des têtes d'affiches de l'électro, marocaines et européennes, et des animations (baignade, marché, yoga, tatouages au henné).

Beat Hotel (www.beat-hotel.com ; Fellah Hotel ; ⌚mars). Un mix de films, de conférences, d'ateliers sur l'art de vivre, de DJ sets et de nuits passées à danser au bord de la piscine.

le service efficace et l'une des plus belles vues plongeantes sur les souks de la médina, depuis ce qui pourrait bien être la terrasse la plus mignonne de Marrakech. La nourriture est quelconque, mais c'est un endroit très agréable pour une pause thé. (☎0649 58 31 65 ; rue Laksour ; 10h-22h)

Bakchich

CAFÉ

24 PLAN P. 42, E3

Une adresse décontractée, avec des sièges en plein air sous un auvent jaune vif, parfaite pour se détendre après avoir arpenté les souks. Installez-vous à l'une des tables joliment décorées d'étiquettes de conserves de sardines ou de fruits, commandez un jus de fruits et laissez-vous bercer par le flot des passants. Si la faim se fait sentir, vous trouverez des tajines et sandwichs corrects (35-75 Dh) sur la carte. (Kennaria ; 9h-23h ;)

Au riad Yima

CHRIS GRIFFITHS/LONELY PLANET ©

Shopping

Naturom

COSMÉTIQUES

25 PLAN P. 42, F5130

Les produits de beauté de Naturom à base d'argan, de verveine et de fleur d'oranger sont tous certifiés 100% bio. Ils sont confectionnés à partir d'essences pures et d'huiles essentielles, emballés avec soin et vendus à des prix avantageux. Naturom, qui possède son propre jardin médicinal et aromatique, garantit la traçabilité de la plupart des matières premières. La gamme inclut aussi de l'huile de figue de Barbarie anti-âge et des gommages pour hammam. (☎0524 38 37 84 ; 213 rue Riad Zitoun el-Jedid ; 9h-20h)

Jad

BOUGIES PARFUMÉES

26 PLAN P. 42, E7

Envie de rapporter à la maison les senteurs de Marrakech ? Vous trouverez ici les élégantes bougies naturelles à la cire de soja de la marque Côté Bougie qui restituent les senteurs du Maroc : datte, fleur d'oranger, figue, menthe, thé... Bougies, parfums d'ambiance et diffuseurs pour la maison sont tous fabriqués à Marrakech. (☎0524428737 ; 164 rue Riad Zitoun el-Kedim ; 9h30-20h30)

Les différents tapis marocains

Tapis de Rabat Des tapis épais aux tons profonds, avec un motif central travaillé auquel répondent des bords délicatement ornés. Très recherchés, ils peuvent coûter 2 000 Dh le m².

Tapis de Chichaoua Des tapis assez simples, sur fond rouge éclatant, ornés de zigzags, d'astérisques et de symboles berbères. Environ 700 à 1 000 Dh le m².

Hanbel ou kilims Des tapis plats et sans poils. Certains *hanbel* intègrent dans leur tissage des lettres en tifinagh (écriture berbère) et des symboles porte-bonheur comme l'œil, la Croix du Sud ou la fibule berbère. Environ 700 à 900 Dh le m².

Zanafi ou glaoua Mélange de kilims et de tapis à poils longs. Leur charme réside dans ce contraste entre les parties plus épaisses et les rayures ou bordures tissées à plat. De 1 000 à 1 750 Dh le m².

Shedwi Des tapis de laine plats arborant des formes noires sur fond blanc. Au prix de 400 Dh pour un article de petite taille, ils font d'excellents souvenirs.

Les Marrisiennes MODE ET ACCESSOIRES

27 PLAN P. 42, E6

Les broderies marocaines signent les créations des Marrisiennes, dessinées à Paris et fabriquées à la main à Marrakech. Une mode très tendance, qui reprend des icônes marocaines comme les fez ou les babouches dans les imprimés de jupes flottantes et de chemises amples. La créatrice Chloe Place sort deux collections par an en série limitée pour son magasin de la médina, en associant d'amusants motifs à un style marocain contemporain. (0661509527 ; www.facebook.com/lesmarrisiennes/ ; 60 rue Riad Zitoun el-Kedim ; 10h-19h lun-sam)

Yannass ARTICLES POUR LA MAISON

28 PLAN P. 42, E6

Ce concept store chic témoigne de la gentrification du Riad Zitoun el-Kedim. Sur les étagères murales sont alignés de jolis paquets de safran et d'*amlou* (beurre d'argan), des confitures locales et des huiles essentielles, disposés avec art à côté de théières, bols et mugs en céramique de KAM Design, noir et blanc. Prenez place à la table commune, pour une tasse de café Bloom de Marrakech, préparé derrière le comptoir.

DOUG MCKINLAY/LONELY PLANET ©

Créations Pneumatiques

(0653052255 ; rue Riad Zitoun el-Kedim ; 10h-20h)

Wafl Design

DESIGN

29 PLAN P. 42, E7

Audacieuses, colorées, ironiques, les illustrations pop-art de conception belge de Wafl s'inscrivent dans un nouveau mouvement artistique à Marrakech qui rejette les codes de l'esthétique marocaine traditionnelle. Elles ornent des vêtements, accessoires et articles pour la maison, tour à tour kitsch, frappants ou amusants. (www.facebook.com/wafldesign ; 126 rue Riad Zitoun el-Kedim ; 10h-20h)

Akéwa

MODE ET ACCESSOIRES

30 PLAN P. 42, E6

Le styliste franco-gabonais François importe ses wax (tissu africain travaillé à la cire) directement du Gabon, de Côte d'Ivoire ou du Mali pour confectionner des vêtements africains contemporains. Jupes virevoltantes, costumes sur mesure et T-shirts sont tous lavables en machine. Ils sont mis en valeur dans une boutique toute noire. (0629772652 ; rue Riad Zitoun el-Kedim ; 10h-20h30)

Souk Ableuh

ALIMENTATION

31 PLAN P. 42, D3

À deux pas de la place Jemaa-el-Fna, ce petit souk est spécialisé dans les olives : vertes, noires, violettes, à la harissa... Les variétés ne manquent pas. (souk Ableuh ; 10h-20h)

Warda La Mouche

MODE

32 PLAN P. 42, E4

Envie d'un style bohème chic marocain ? Vous adorerez les caftans brodés, les hauts estivaux d'inspiration post-hippie et les sarouels raffinés. Tout est confectionné à la main (mais lavable en machine) et dessiné à Marrakech par la Française Sandrine, propriétaire de la boutique. Lors de notre passage, elle était à la recherche d'une deuxième adresse pour y vendre des vêtements pour hommes et pour enfants. (0524 38 90 63 ; 127 Kennaria ; 9h30-20h)

Fondouk Ouarzazi BIJOUX

33 PLAN P. 42, C2

Un paradis pour qui aime chiner à la recherche de trésors ! Cet ancien fondouk un peu décati abrite sur deux niveaux une quarantaine d'échoppes vendant des monceaux de bijoux traditionnels, d'objets amazighes et d'antiquités poussiéreuses. Prenez le temps d'accepter un thé à la menthe ! (place Bab Fteuh ; 10h-19h)

Art Ouarzazate MODE ET ACCESSOIRES

34 PLAN P. 42, E2

Samad et Malek, un duo dynamique, puise dans la longue tradition du tissage, de la broderie et de la maroquinerie pour créer des pièces originales : vestes de dandy, capes en velours inspirées des djellabas ou robes à motifs bohèmes. Outre les vêtements inspirés des années 1970, la boutique vend aussi des sacs en cuir surdimensionnés, des babouches colorées, de séduisants textiles et des bijoux en corne. (0648 58 48 33 ; 15 Zinkat Rahba ; 9h-20h)

Créations Pneumatiques ARTISANAT

35 PLAN P. 42, E7

Pour acheter en direct à des artisans qui travaillent à partir de matériaux recyclés, rendez-vous au Riad Zitoun el-Kedim, où vous découvrirez des lanternes, des paniers et des ceintures fabriqués à partir de boîtes de conserve ou de pneus. Parmi les diverses boutiques, celle-ci (repérez le poster encadré de Bob Marley) propose un bon choix de miroirs Michelin, de boîtes à bijoux en chambre à air et de sacs pour hommes qui en imposent. (110 rue Riad Zitoun el-Kedim ; 10h-20h30)

café des épices
SOUFIANE
ZARIB

Explorer

Mouassine et les souks centraux

Les édifices historiques et la proximité de la place Jemaa-el-Fna font de Mouassine un lieu de séjour idéal dans la médina. D'autant qu'il est facile de s'y repérer. Après la visite des souks, des kissariat (marchés spécialisés formés par un ensemble de petites boutiques) et des fondouks, au nord de la place, vous pourrez profiter des cafés et restaurants, des patios ombragés et des toits-terrasses tendance.

Notre sélection

- ***Place Rahba Kedima (p. 59)****. Un vent nouveau souffle sur cette place où se côtoient boutiques d'apothicaires et de créateurs, et cafés sur les toits.*
- ***Le Jardin Secret (p. 62)****. Un lieu historique alimenté par un système d'irrigation ancien. Idéal pour une pause.*
- ***Musée de Mouassine – musée de la Musique (p. 63)****. Pépites architecturales, expositions et concerts dans un riad de l'époque saadienne.*
- ***Nomad (p. 65)****. Un restaurant animé, pour un dîner sur les toits, sous une douce brise.*
- ***Hammams (p. 66)****. Au choix : spa moderne ou établissement public, aux côtés des Marrakchis.*

Comment s'y rendre et circuler

Depuis la place Jemaa-el-Fna, remontez le souk Semmarine, au nord, jusqu'à la place Rahba Kedima.

On ne circule pas en voiture dans les souks : on y accède idéalement par la porte de Bab Laksour ou la rue Dar el-Bacha.

Plan du quartier p. 60

Place Rahba Kedima (p. 59) ZARUBA ONDREJ/SHUTTERSTOCK ©

Plongée au cœur des souks centraux

Le cœur de Marrakech bat dans les souks centraux, qui ne se résument pas aux stands de tapis, de pashminas et de lampes. Les Marrakchis viennent s'y approvisionner en viande, en fruits, en légumes... Pour les visiteurs, ils offrent aussi l'occasion de découvrir d'autres facettes de la vie locale, entre ateliers de ferronniers et boutiques d'apothicaires.

La promenade

Départ Place Rahba Kedima

Arrivée Place Rahba Kedima

Distance 1,5 km

Durée 2 heures

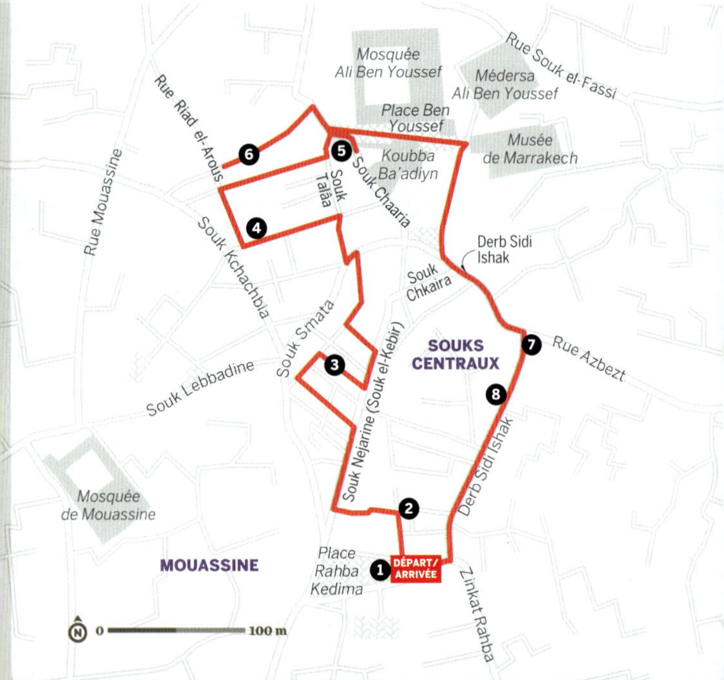

❶ Les épices de Rahba Kedima

La balade débute **place Rahba Kedima** (place des Épices), où sont installés des étals et boutiques vendant de quoi rehausser vos plats, guérir tous types de maux et chasser les djinns. Désormais, de jeunes créateurs y ont aussi leurs quartiers.

❷ Le souk des tapis

La **Criée Berbère**, de sinistre mémoire, était jadis une place fermée, où se tenait le principal marché aux esclaves de Marrakech – c'est ici que les caravaniers venaient vendre leur cargaison humaine. Aujourd'hui, une vente de tapis aux enchères s'y tient de 16h à 17h, tous les jours sauf le vendredi. Repérez le panneau indiquant "Le souk principal de tapis".

❸ La kissaria

Les ruelles sinueuses qui s'étendent entre le souk Nejarine et le souk Smata forment la **kissaria**. Malgré l'ouverture de quelques boutiques pour touristes, ce lieu a conservé son atmosphère traditionnelle. Il abrite des rangées d'étals et de petites boutiques de djellabas et de babouches.

❹ Les ferronniers à l'œuvre

À l'intéressant **souk Haddadine** (souk des ferronniers ; p. 72), vous croiserez des soudeurs et des mécanos, et des artisans proposant leurs créations.

❺ Un déjeuner local

Derrière le souk Haddadine, le son des marteaux est remplacé par le grésillement de la viande en train de griller. Les **étals de nourriture de la kissaria Ben Youssef** (près du souk Chaaria ; plats 25-40 Dh ; ⏲11h30-15h30) servent des brochettes aux commerçants des souks. Asseyez-vous et choisissez ce qui vous semble frais.

❻ Les ateliers de maroquinerie

Non loin, faites un tour dans la rue des maroquiniers où, sur les étals, s'empilent des peaux destinées à la confection de sacs et de chaussures. Le matin, on peut en voir sécher au soleil sur la place Ben Youssef, après teinture.

❼ Le marché aux légumes

Les Marrakchis viennent s'approvisionner en fruits, en herbes et légumes présentés sur des étals et des couvertures posées à même les pavés. Profitez-en pour acheter un fruit en guise d'en-cas (ici, inutile de marchander).

❽ L'allée des bouchers

L'allée (enjambée par une arche) qui part vers le sud depuis le marché aux légumes est bordée des petites boucheries. Suivez-la pour retourner à la place Rahba Kedima ; vous remarquerez au passage les entrailles et les abats dans les vitrines, et les carcasses suspendues.

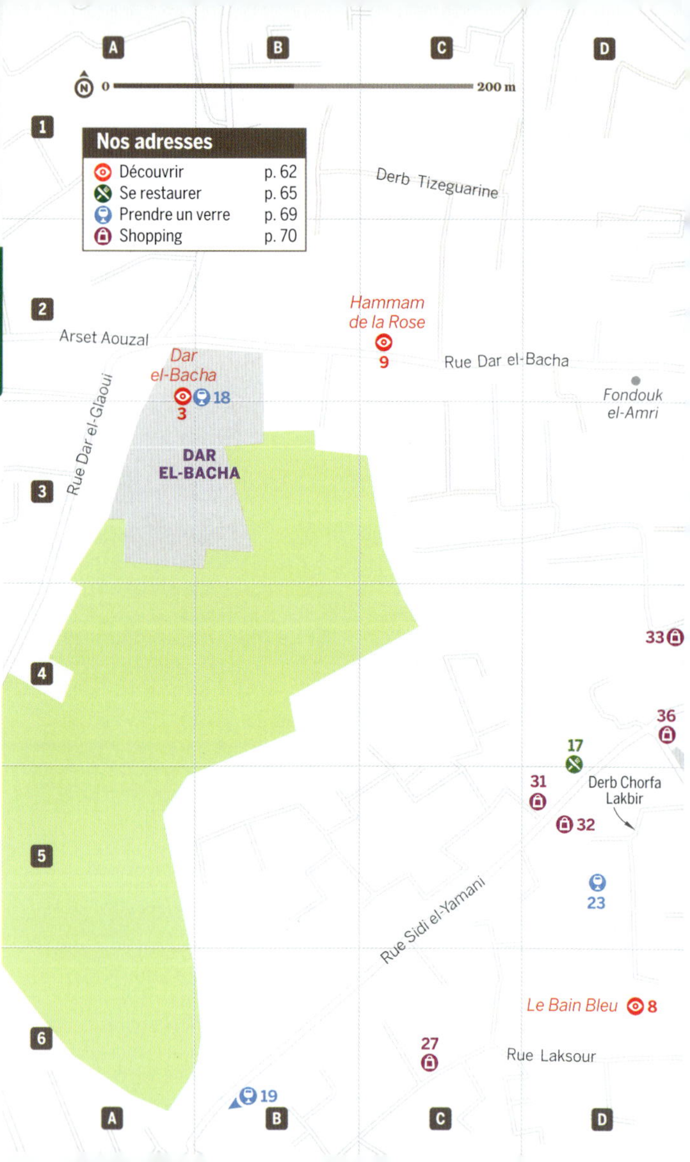
A
B
C
D
0
200 m
1
2
3
4
5
6
Nos adresses
Découvrir p. 62
Se restaurer p. 65
Prendre un verre p. 69
Shopping p. 70
Derb Tizeguarine
Hammam de la Rose
9
Arset Aouzal
Dar el-Bacha
3
18
Rue Dar el-Bacha
Fondouk el-Amri
Rue Dar el-Glaoui
DAR EL-BACHA
33
36
17
31
32
Derb Chorfa Lakbir
23
Rue Sidi el-Yamani
Le Bain Bleu
8
27
Rue Laksour
19

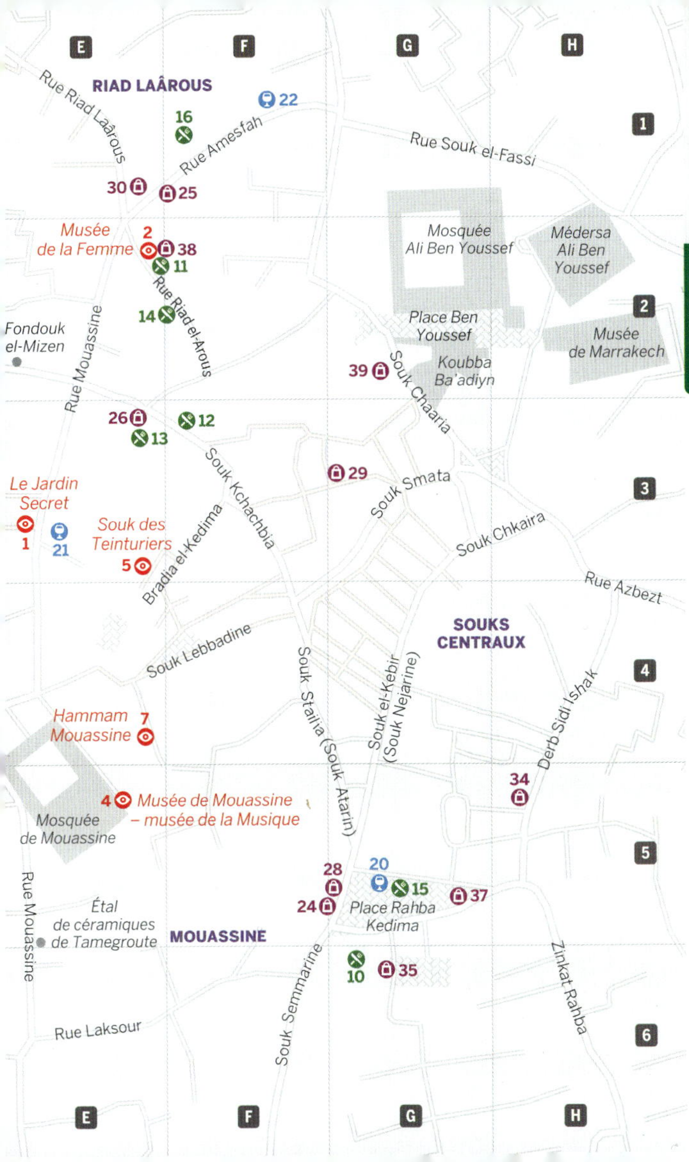
E
F
G
H
RIAD LAÂROUS
Rue Riad Laârous
Rue Amesfah
Rue Souk el-Fassi
16
22
30
25
1
Musée de la Femme
2
38
11
Mosquée Ali Ben Youssef
Médersa Ali Ben Youssef
2
Fondouk el-Mizen
Rue Mouassine
14
Rue Riad el-Arous
Place Ben Youssef
Musée de Marrakech
Koubba Ba'adiyn
39
Souk Chaaria
26
12
13
Souk Kchachbia
29
Souk Smata
Le Jardin Secret
1
21
Souk des Teinturiers
5
Bradia el-Kedima
Souk Chkaira
3
Rue Azbezt
SOUKS CENTRAUX
Souk Lebbadine
Souk Stailia (Souk Atarin)
Souk el-Kebir (Souk Nejarine)
Derb Sidi Ishak
4
Hammam Mouassine
7
34
4
Musée de Mouassine – musée de la Musique
Mosquée de Mouassine
5
28
20
15
37
24
Place Rahba Kedima
Rue Mouassine
Étal de céramiques de Tamegroute
MOUASSINE
10
35
Zinkat Rahba
Souk Semmarine
Rue Laksour
6
E
F
G
H

Découvrir

Le Jardin secret

MUSÉE

1 PLAN P. 60, E3

Quittez les souks pour flâner dans l'ensemble architectural traditionnel entièrement rénové de ce riad, qui appartint au XIXe siècle au caïd U-Bihi – un puissant chef local, qui fut empoisonné par le sultan Mohammed IV. La propriété renferme un jardin exotique et un jardin islamique, dont les *khettaras* (galeries formant un système d'irrigation souterrain) ont été restaurés, et une tour (accès avec un billet spécifique ; interdit aux moins de 6 ans) d'où l'on découvre toute la médina. **Café** sur place. (0524 39 00 40 ; www.lejardinsecretmarrakech.com ; 121 rue Mouassine ; tarif plein/7-24 ans 60/40 Dh, tour 40/30 Dh ; 9h30-19h30 mars-sept, 9h30-18h30 fév et oct, 9h30-18h nov-jan)

Musée de la Femme

MUSÉE

2 PLAN P. 60, E2

Ouvert en 2018 sous l'impulsion d'un collectif déterminé à mettre en avant et à valoriser le rôle des femmes dans la société marocaine, ce musée occupe trois niveaux où sont présentées des expositions, renouvelées tous les 6 mois. La question des pionnières marocaines, et celle des styles vestimentaires tribaux et de leur influence à l'échelle internationale figurent parmi les thématiques qui ont déjà été abordées. (0524381129 ; www.museedelafemme.ma ; 19 rue Sidi Abdelaziz ; 30 Dh ; 9h30-18h30).

Le Jardin Secret

LAPAIIRKRAPAI/SHUTTERSTOCK ©

Hadj Thami el-Glaoui (1879-1956), pacha de Marrakech

Celui dont on disait, au milieu du XXe siècle, qu'il était l'un des hommes les plus riches du monde, régna sur Marrakech durant le protectorat français, qu'il consolida après avoir tout d'abord lutté contre la pénétration française. Seigneur de guerre dans l'Atlas, il contrôlait les grandes routes de commerce qui coupaient par le désert. Ses manœuvres et sa réputation d'homme redoutable à la poigne de fer en firent le candidat idéal aux yeux des Français pour gouverner Marrakech, ce qu'il fit de 1912 à 1956. Il participa à la déposition du sultan Mohammed V, un geste qu'il regretta lorsque ce dernier accéda de nouveau au pouvoir.

Thami el-Glaoui mourut en janvier 1956, deux mois avant l'indépendance marocaine (il fut réhabilité à titre posthume en 1963). Sa présence et sa stature politique restent perceptibles dans la ville. Il a notamment laissé derrière lui son palais, Dar el-Bacha, construit au début du XXe siècle. Jusqu'au début des années 1950, des têtes coupées étaient parfois accrochées sur le mur d'enceinte de l'édifice.

Cet homme qui n'était pas à une contradiction près aimait être sous le feu des projecteurs, faisait la fête à Londres et à Paris, et nourrissait une passion pour le jazz. Dans les années 1920 et 1930, il invita chez lui des vedettes comme Charlie Chaplin, Édith Piaf et Joséphine Baker. Derrière les murs de son palais l'attendaient un grand harem et une suite d'esclaves. L'écrivain écossais Gavin Maxwell lui a consacré une biographie, traduite en français sous le titre *El Glaoui, dernier seigneur de l'Atlas* (Fayard ; 1968). *El Gloui*, de Jacques Le Prévost (Éditions du Dialogue ; 1968), a été réédité au format numérique.

Dar el-Bacha MUSÉE

3 PLAN P. 60, A2

Ce palais édifié pour Hadj Thami el-Glaoui offre un bel exemple des caractéristiques architecturales des riads – zelliges colorés, stucs ciselés, linteaux en bois de cèdre richement sculptés… Depuis 2017, il accueille dans ses salons le musée des Confluences. Autour du jardin principal, on découvre des expositions artistiques qui changent tous les 6 mois. (musée des Confluences ; www.fnm.ma/musee-dar-el-bacha-de-marrakech ; rue Dar el-Bacha ; tarif plein/enfant 60 Dh /gratuit ; 10h-18h mar-dim).

Musée de Mouassine – musée de la Musique MUSÉE

4 PLAN P. 60, E5

C'est en cherchant une maison dans la médina que le Parisien Patrick Menac'h, l'actuel propriétaire du musée, a découvert ce trésor historique et culturel. Au 1er étage,

Les fondouks

On trouvait autrefois des fondouks dans toutes les villes marocaines qui jalonnaient la route des caravanes. Ces bâtiments, organisés autour d'une cour, renfermaient des écuries et des ateliers ; marchands ambulants et hommes du désert pouvaient louer des chambres à l'étage. Le flot incessant d'artisans et d'aventuriers a peu à peu donné naissance à la culture marrakchie que l'on connaît aujourd'hui. Mais la sédentarisation progressive et la multiplication des commerçants ont en revanche entraîné la fermeture des fondouks, remplacés par des habitations privées et des magasins.

La médina ne compte plus aujourd'hui que 140 fondouks, qui ont pour la plupart été transformés en des espaces dévolus à l'artisanat. Plus ou moins décrépits, ils ont pour beaucoup conservé des décorations en bois sculpté, de jolis balcons, voire quelques ornementations en stuc. Les rues Dar el-Bacha et Mouassine en abritent de beaux exemples, comme le **fondouk el-Amri** (plan p. 60, D2 ; rue Dar el-Bacha) et le **fondouk el-Mizen** (plan p. 60, E2 ; rue Dar el-Bacha).

le plâtre blanc d'une modeste *douiria* (appartements des invités) recouvrait de magnifiques éléments architecturaux et décoratifs de l'époque saadienne (vers 1560). Plusieurs salles sont désormais dévolues à des expositions permanentes ou temporaires présentant la diversité et les influences des musiques du Maroc (à travers des photographies, des documentaires et des sons, des instruments…). Des soirées musicales sont organisées régulièrement. Les salons situés à l'étage, qui ont fait l'objet d'une restauration minutieuse, contribuent pour beaucoup au charme du lieu. Belle terrasse sur le toit. (0524 37 77 92 ; www.museedemouassine.com ; 5 derb el Hammam ; tarif plein/- 15 ans 40 Dh/gratuit ; 10h-18h).

Souk des Teinturiers — MARCHÉ

5 PLAN P. 60, E3

Avec ses écheveaux de laine aux tons chatoyants suspendus aux portants, ce souk est l'un des plus colorés de la ville. Les teinturiers n'y sont plus légion, mais, dans la boutique n°19 (il y a un panneau au-dessus de la porte, parfois masqué), vous trouverez la dernière cuve du souk, illuminant les lieux de sa couleur indigo. (horaires irréguliers)

Fontaine Mouassine — FONTAINE

6 PLAN P. 60, E4

Au début du XXe siècle, la médina comptait 80 fontaines, qui fournissaient l'eau pour la cuisine, les bains publics, les vergers et les jardins. La fontaine Mouassine en est un exemple classique avec ses ornements en bois sculpté. On s'y rassemble encore aujourd'hui pour faire sécher la laine et discuter. (rue Sidi el-Yamani, près de la rue el-Mouassine)

Hammam Mouassine

HAMMAM

7 PLAN P. 60, E4

Ce hammam public séduit par son authenticité. En activité depuis 1562, il est tenu par un personnel charmant et expérimenté qui peut pratiquer un gommage au rassoul traditionnel (150 Dh). Vous pouvez aussi ne payer que l'entrée (comme dans tous les bains publics). (derb el-Hammam ; 10 Dh ; 9h-23h)

Le Bain Bleu

SPA

8 PLAN P. 60, D6

Laissez-vous tenter par l'élégance des différents espaces et l'atmosphère feutrée des patios de ce spa-hammam aménagé dans un riad. Un personnel expérimenté y prodigue des soins de grande qualité et très relaxants. Pour trouver l'établissement, suivez les panneaux indiquant Dar Cherifa dans la rue el-Mouassine, jusqu'au derb Chorfa Lakbir. (0524 38 38 04 ; www.lebainbleu.com ; 32 derb Chorfa Lakbir ; hammam et gommage 200 Dh, avec massage à partir de 600 Dh ; 10h-21h)

Hammam de la Rose

SPA

9 PLAN P. 60, C2

Cet espace de bien-être à la décoration contemporaine remporte tous les suffrages grâce à son accueil souriant et à une large gamme de soins : hammam au savon noir et aux épices, gommages, massages délassants ou régénérants. (0524 44 47 69 ; www.hammamdelarose.com ; 130 Dar el-Bacha ; hammam et gommage 250 Dh, massage à partir de 250 Dh ; 10h-20h)

Se restaurer

Nomad

MÉDITERRANÉEN **€€**

10 PLAN P. 60, G6

Avec son toit-terrasse, le Nomad compte parmi les restaurants les plus appréciés de la médina. Sa courte carte rehausse de touches contemporaines les spécialités de la région, avec des plats comme les calamars d'Agadir, sauce aux anchois et cumin, ou le poulet bio entier accompagné avec harissa et *chermoula* (sauce à base d'herbes, d'ail et d'épices) maison. Les créations végétariennes et véganes sont excellentes : goûtez le chou-fleur au ras-el-hanout et son beurre au curcuma. (0524 38 16 09 ; www.nomadmarrakech.com ; 1 derb Arjan ; plats 110-160 Dh ; 12h-23h ;)

Le Jardin

MAROCAIN **€€**

11 PLAN P. 60, E2

Kamal Laftimi a transformé ce riad du XVIIe siècle au cœur de la médina en une oasis charmante, avec de beaux carreaux au sol, dans laquelle on déjeune à l'ombre des bananiers, bercé par le chant des oiseaux. L'accent moderne de la carte se retrouve dans des plats comme la *tanjia* (plat de viande

Le rituel du hammam

Les hammams constituaient jadis la seule source d'eau chaude de la médina. Ils étaient traditionnellement construits en briques de terre crue recouvertes de tadelakt, un enduit à la chaux qui résiste à l'eau, et surmontés d'un toit en forme de dôme percé de petites ouvertures pour permettre à la vapeur de s'échapper.

Pour découvrir le rituel du hammam tel que le pratiquent les Marrakchis, optez pour des bains publics. Chaque quartier en possède. Certains n'arborent aucune marque distinctive, d'autres représentent simplement la silhouette stylisée d'un homme ou d'une femme sur leur façade. Demandez conseil à un habitant. Certains établissements n'acceptent pas les non-musulmans.

Le nécessaire

• Prévoyez une serviette, des tongs et un tapis en plastique (pour vous asseoir), des sous-vêtements de rechange, du savon et du shampooing.

• Vous pouvez aussi apporter vos propres savon noir, *kessa* (gant de gommage) et rassoul (argile volcanique aux plantes, roses séchées et lavande), achetés au souk ou dans une boutique de cosmétiques.

Usages et fonctionnement

• La nudité (jamais la mixité) est courante dans les hammams publics, mais les règles changent d'un quartier à l'autre. En cas de doute, posez la question à l'entrée. Dans certains hammams, hommes et femmes doivent conserver un bas. Le port du soutien-gorge est plus rarement exigé. Dans tous les cas, vous pouvez enfiler un maillot de bain si cela vous met plus à l'aise.

• L'entrée coûte autour de 10 Dh, avec la possibilité d'un massage pour 50 à 100 Dh. Payez au comptoir, puis avancez jusqu'au vestiaire, où l'on vous demandera peut-être de payer quelques dirhams pour que vos affaires soient surveillées.

• Un passage au hammam se divise traditionnellement en trois étapes : lavage, gommage et massage. On vous donnera une louche et un seau, à remplir au robinet partagé.

• Trouvez une place à même le sol (d'où l'utilité d'un tapis) et lavez-vous à grande eau.

• Pour le gommage, utilisez votre gant ou offrez-vous les vigoureux services du personnel.

cuit dans un pot en terre) de bœuf accompagnée de pickles et la dorade farcie, sauce au citron confit. Réservation conseillée. (☎0524 37 82 95 ; www.lejardinmarrakech.com ; 32 derb Sidi Abdelaziz ; plats 80-160 Dh ; ⏲11h-21h ; ☐☐)

Beats Burger

BURGERS **€€**

12 ✕ PLAN P. 60, F3

On peut se régaler d'un burger au milieu des souks ! Cet établissement tenu par un Français possède de grandes fenêtres avec vue sur le marché et un tout petit toit-terrasse. On y déguste de savoureux burgers (bœuf d'excellente qualité, poulet ou poisson) aux noms évocateurs, comme le "Notorious Beats" ou le "Let it Beat". (☎0524 39 12 13 ; www.beatsburger.com ; 35 souk Jeld Kemakine ; plats 55-125 Dh ; ⏲11h-21h ; ☐☐☐)

Terrasse des Épices

MAROCAIN **€€**

13 ✕ PLAN P. 60, E3

Décontraction méditerranéenne garantie sur ce toit-terrasse au-dessus du souk Cherifia. Une clientèle bien mise s'y installe dans une ambiance intimiste (musique en accord), pour commander des plats marocains ou internationaux. L'offre est présentée sur une ardoise (salade de chèvre chaud, tajine de poisson...), et c'est l'un des rares établissements de la médina à servir de la bière ou du vin. Réservation conseillée. (☎0524 37 59 04 ; www.terrassedesepices.com ; 15 souk Cherifia, derb Sidi Abdelaziz ; plats 155-320 Dh ; ⏲12h-17h et 18h30-23h30 ; ☐)

Souk Kafé

MAROCAIN **€€**

14 ✕ PLAN P. 60, F2

Montez sur le toit, jetez un coup d'œil à la grosse théière en rotin et installez-vous sur un coussin pour savourer un bon moment et de succulents plats locaux. Les mezze marocains de légumes (6 plats) font office de déjeuner pour deux ; la *tanjia* marrakchie au bœuf fondant plaît tout autant. (☎0664 17 24 56 ; www.facebook.com/soukkafe/ ; 11 derb Sidi Abdelaziz ; plats 75-120 Dh ; ⏲10h-23h ; ☐☐)

Café des Épices

CAFÉ **€**

15 ✕ PLAN P. 60, G5

Idéalement située sur la place Rahba Kedima, avec une grande façade ouverte, cette adresse est une institution parmi les

Beats Burger

CHRIS GRIFFITHS/LONELY PLANET ©

Thé à la menthe au Café Arabe

voyageurs. Confortablement installé à l'ombre, vous aurez tout le loisir d'observer les vendeurs de henné et de paniers postés au milieu de la place, tout en sirotant un mélange de jus de betterave, pomme et gingembre fraîchement pressés, ou en savourant un tajine original (boulettes de sardines et poivrons par exemple). Prenez place de préférence au niveau supérieur pour échapper aux gaz d'échappement. (☎0524391770 ; place Rahba Kedima ; plats 40-80 Dh ; 9h-23h ; wifi)

Max & Jan

FUSION **€€**

16 PLAN P. 60, F1

Jan Pauwels et Maximilian Scharl (un duo de créateurs belgo-suisse) ont ouvert ce *rooftop* coloré, distribué sur plusieurs niveaux, juste au-dessus de leur concept store (p. 71) au cœur de la médina. Prenez place sur une banquette de style berbère, sous les luminaires en rotin et les grands parasols. Sur la carte, une salade de quinoa et des pizzas côtoient des plats marocains préparés de main de maître, comme le filet de bœuf aux épices façon *tanjia* et ses frites épaisses. (☎0524427645 ; www.maxandjan.com ; 14 rue Amesfah ; plats 100-170 Dh ; 12h-22h)

La Table du Palais

MÉDITERRANÉEN **€€€**

17 PLAN P. 60, D4

Ce restaurant dispose d'une cour ombragée paisible, idéale pour déjeuner au calme après avoir arpenté les souks. Associant influences française et marocaine, les plats offrent des saveurs de cuisine fusion méditerranéenne. Faites un tour au petit bar-jazz animé pour finir la soirée. (0524 38 50 51 ; www.palaislamrani.com ; Palais Riad Lamrani, 63 rue Sidi el-Yamani ; plat du jour 150 Dh, menus 220-250 Dh ; 12h-14h30 et 18h30-21h30 jeu-mar ;)

Prendre un verre

Bacha Coffee

CAFÉ

18 PLAN P. 60, B2

Caché dans le musée des Confluences-Dar el-Bacha (p. 63), ce salon chic vise une clientèle d'amateurs de café. Son opulence, héritée du début du XXe siècle, au temps du protectorat français, laisse bouche bée – tout comme la carte des arabicas de 23 pages et les prix (cafetière à partir de 40 Dh). Au programme : vaisselle dorée, sucre non raffiné, crème et gousses de vanille, le tout servi par une équipe vêtue de noir et blanc et portant le fez. (route Sidi Abdelaziz, rue Dar el-Bacha ; 10h-18h mar-dim ;)

El Fenn

BAR À COCKTAILS

19 PLAN P. 60, B6

Il n'y a pas meilleur endroit pour admirer l'éclairage nocturne de la mosquée de la Koutoubia que ce bar hyperbranché. Les grandes figures sociales de Marrakech viennent y boire les meilleurs cocktails de la ville, en profitant des DJ sets (musique tranquille). Oubliez le restaurant, cher et décevant, et optez plutôt pour une soirée martini, sur les coussins d'une tente berbère. (0524441220 ; www.el-fenn.com ; derb Moulay Abdullah Ben Hussain, Bab Laksour ; 13h-22h ;)

Chichaoua

SALON DE THÉ

20 PLAN P. 60, G5

Vous voyez cette porte noire ouverte sur un escalier carrelé, à l'ouest du Café des Épices sur la place Rahba Kedima ? C'est l'entrée du Chichaoua, le salon de thé secret du restaurant Nomad (p. 65), de l'autre côté de la place. Renseignez-vous sur les mélanges maison – comme le thé à l'orange douce –, avant de vous laisser aller au confort du canapé rose Barbie des années 1950 pour un *tea time* très chic. (0524338470 ; 69 place Rahba Kedima ; 11h-19h ;)

Café Arabe

BAR

21 PLAN P. 60, E3

Venez vous reposer après une journée d'emplettes dans les souks en sirotant un cocktail, un verre de vin marocain plutôt correct ou un thé à la menthe sur le toit-terrasse de cet établissement bien placé, fréquenté par les artistes, créateurs et expatriés de Marrakech. Prix raisonnables et bons plats italiens. Espaces bar et restaurant distincts. (0524 42 97 28 ; www.cafearabe.com ; 184 rue Mouassine ; 10h-23h ;)

Café Atay

CAFÉ

22 PLAN P. 60, F1

Les stores et les meubles en rotin de cet adorable toit-terrasse évoquent les îles méditerranéennes, tandis que la musique vous transporte en Afrique. C'est un endroit agréable pour savourer un jus frais, un petit-déjeuner ou un bon tajine (à partir de 60 Dh). (0661 34 42 46 ; 62 rue Amesfah ; 10h-22h ;)

Dar Cherifa

CAFÉ

23 PLAN P. 60, D5

Il faut sonner pour entrer dans ce paisible riad saadien de la fin du XVIe siècle, où l'on savoure thé, jus de fruits et café aux épices, bien assis sur les canapés disposés entre les colonnes rose vif surmontées d'un linteau de cèdre ouvragé. Les pièces autour de la cour accueillent des expositions artistiques. Si la cuisine peut décevoir, l'atmosphère jazzy se prête à la rêverie. (0524 42 64 63 ; 8 derb Chorfa Lakbir ; 10h-0h jeu-mar, 10h-19h mer ;)

Shopping

Sissi Morocco

MODE ET ACCESSOIRES

24 PLAN P. 60, F5

Cette marque marrakchie détonnante de la créatrice française Sylvie Pissard a fait de photos sépia représentant des femmes amazighes des imprimés et motifs brodés main pour ses coussins, sacs en tissu, sacs à

Dar Cherifa

DOUG MCKINLAY/LONELY PLANET ©

Le vert de Tamegroute

Reconnaissable à son vert dont la vue évoque les palmiers du désert, la céramique de Tamegroute vient de ce village au sud du Maroc, aux portes du Sahara. Vendue dans des boutiques chics à l'étranger, elle est devenue très appréciée dans la décoration d'intérieur. À Marrakech, on en trouve à plusieurs endroits ; l'**étal** (plan p. 60, E5 ; 0662084871 ; 28 rue Mouassine ; 10h-21h) de la rue Mouassine (au sud de la mosquée) en offre une belle sélection au meilleur prix.

Ces poteries doivent leur teinte singulière à l'oxydation du cuivre ajouté aux émaux. Chaque pièce (saladier, plat, bougeoir...) est unique. Toutes sont confectionnées par les quelques familles de Tamegroute qui en maîtrisent l'art et la cuisson depuis des siècles.

main et T-shirts, tous magnifiques et d'excellente facture. Il ne s'agit pas de sa boutique principale – elle est à **Sidi Ghanem** (n°366, quartier industriel Sidi Ghanem ; 9h-13h et 14h-18h lun-ven, sur rdv sam) –, mais cette petite adresse est bien située. (www.sissimorocco.com ; place Rahba Kedima ; 11h-19h)

Max & Jan — MODE ET ACCESSOIRES

25 PLAN P. 60, F1

Cette vaste boutique branchée apporte une note d'originalité à la mode marocaine et mêle bijoux originaux, céramiques colorées, vêtements décontractés et sarouels revisités. À sa tête : le duo formé par Jan Pauwels et Maximilian Scharl (voir aussi p. 68). Tout ce qui est proposé ici est confectionné localement. (0524 37 55 70 ; www.maxandjan.com ; 14-16 rue Amesfah ; 10h-19h)

Souk Cherifia — DESIGN

26 PLAN P. 60, E3

De jeunes stylistes locaux se sont installés à l'étage de cet ancien fondouk, dans la galerie des créateurs. Trouvez des accessoires brodés main chez Khmissa, des babouches branchées chez Tilila et des produits cosmétiques de grande qualité à base d'huile d'argan chez Arganino. (souk Cherifia ; 10h-19h30)

Al Nour — VÊTEMENTS ET TEXTILES

27 PLAN P. 60, C6

Al Nour est une coopérative dirigée par des femmes souffrant de handicaps, qui propose du linge de maison, des vêtements brodés ou cousus main (tuniques, robes et chemises, pour homme, femme et enfant) et des accessoires d'excellente facture. Les pièces peuvent être réalisées sur-mesure. Les revenus paient les salaires, les

Guide du marchandage

- Il est impensable de se lancer dans des négociations sans avoir salué son interlocuteur, engagé la conversation, voire échangé des plaisanteries.
- Si le vendeur vous offre un thé à la menthe, acceptez-le.
- Si un objet vous plaît, déterminez le tarif auquel vous souhaitez l'acheter avant de demander au vendeur combien il le vend. Il peut annoncer un prix en fonction de ce qu'il vous estime capable de débourser plus que de la valeur réelle.
- Pour amorcer les négociations, commencez par une proposition équivalant au tiers de votre montant maximal.
- Pratiqué dans un certain état d'esprit, le marchandage peut être plaisant.

formations et la couverture santé de toutes les salariées. (☎ 0524 39 03 23 ; www.alnour-textiles.com ; 57 rue Laksour ; ⌚ 9h30-14h et 15h-19h30)

L'Art du Bain – Savonnerie Artisanale

PRODUITS COSMÉTIQUES

28 PLAN P. 60, G5

Les savons à l'huile d'olive pure confectionnés par l'Art du Bain fleurent bon Marrakech : ils existent au miel, à la fleur d'oranger, au jasmin, à l'eucalyptus et même au lait de camomille pour les enfants. Il y a aussi des gommages et du rassoul pour le hammam. Les emballages, au motif géométrique contemporain, sont en papier recyclé et les porte-savons "main de Fatma" font de sympathiques cadeaux. (☎ 0666 57 27 07 ; place Rahba Kedima ; ⌚ 9h30-18h30)

Souk Haddadine

ARTISANAT

29 PLAN P. 60, G3

Le souk des ferronniers, où résonne le bruit des marteaux frappant le métal. Si vous avez été tenté par les lampes marocaines vendues un peu partout en ville, c'est en achetant directement ici que vous obtiendrez le meilleur prix. (souk des ferronniers)

Sarah Maj

MODE ET ACCESSOIRES

30 PLAN P. 60, E1

Il n'est pas rare de voir Sarah Maj en personne s'occuper de sa boutique de la médina (elle en possède une autre à Guéliz). Le style de la créatrice italo-marocaine marie les matières brutes italiennes aux imprimés marocains – ses tuniques sont particulièrement jolies. (☎ 0661299710 ; www.sarahmaj.shop ; 88 rue Amesfah ; ⌚ 10h-14h et 15h-19h)

Djeann

ARTICLES POUR LA MAISON

31 PLAN P. 60, D5

La décoratrice d'intérieur française Anne Bénédicte Dorbe a découvert les tapis *boucharouite* (ou *boucharouette*), fabriqués à partir de bouts de tissus récupérés, au cours de ses projets dans des riads de Marrakech. Elle en propose ses interprétations, en collaboration avec des stylistes marocains, et les rehausse de cuir, de laine, de chanvre et de tissus recyclés. Elle pilote une équipe 100% féminine. Dans son élégante boutique, laissez-vous aussi charmer par les vases en forme de grenade et les bougeoirs inspirés des figues de Barbarie. (☎ 0650447864 ; www.facebook.com/djeann/ ; 16bis quartier industriel Sidi Ghanem ; ⌚ 9h30-13h et 14h-18h, 14h-17h sam)

Bibi Art Carpet

ARTISANAT

32 PLAN P. 60, D5

Cette enseigne achète sa propre laine et travaille avec plus de 150 femmes de l'Atlas qui fabriquent, au métier à tisser et à la main, des tapis de qualité, vendus dans cette grande boutique de la médina. Ici, les clients peuvent découvrir à leur rythme les divers modèles et techniques. (☎ 0661882906 ; 50 rue Sidi el-Yamani ; ⌚ 9h30-18h30)

KAM Design

CÉRAMIQUE

33 PLAN P. 60, D4

La vaisselle signée KAM arbore les motifs traditionnels de la céramique marocaine, dans des versions stylisées et modernes. Pots à épices, plats à tajine, services à café, saladiers, théières, il ne manque rien. Cerise sur la poterie : tout passe au lave-vaisselle. (☎ 0661676336 ; www.facebook.com/kamdesignshop ; 127 derb Oubaid Allah, près de la rue Mouassine ; ⌚ 9h30-19h30)

Au souk Haddadine

FRANCESCO DAZZI/SHUTTERSTOCK ©

Shtatto

CONCEPT STORE

34 PLAN P. 60, H5

Shtatto regroupe certaines des marques marrakchies les plus en vue : accessoires et photos pop art de Hassan Hajjaj, créations luxueuses du styliste Amine Bendriouich, salon Nature Marrakech du barbier *hipster* Amir Laftimi et pièces en cuir signées Nasire. Montez jusqu'au café sur le toit, où des voyageurs branchés se retrouvent autour d'un jus, d'un café ou d'un tajine. (0524375538 ; 81 derb Nkhal, Rahba Lakdima ; 10h-22h)

Chabi Chic

ARTICLES POUR LA MAISON

35 PLAN P. 60, G6

Ce paradis des gastronomes situé sous le restaurant Nomad (p. 65) est dévolu à l'univers de la cuisine marocaine. Faites le plein d'huile d'olive, de mélanges d'épices et de flacons d'eau de fleur d'oranger joliment emballés. Et craquez pour les plats à tajine et verres à thé aux rayures modernes. (0524 38 15 46 ; www.chabi-chic.com ; 1 derb Arjan ; 9h30-19h30 lun-sam, 11h-18h dim)

Assouss Argane

COSMÉTIQUES

36 PLAN P. 60, D4

La boutique certifiée bio d'une coopérative installée près d'Essaouira. Le personnel, exclusivement féminin, vous offrira des échantillons d'*amlou* (beurre d'argan) et vous expliquera la fabrication de l'huile de figue de Barbarie, et ses qualités cosmétiques et nutritionnelles. Près de la fontaine Mouassine. (0524 38 01 25 ; 94 rue Mouassine ; 9h-19h)

Sur le toit de Shtatto

MANDY SINCLAIR/LONELY PLANET ©

Conseils pour acheter du safran

Tous les souks de Marrakech vendent du safran, l'or rouge des cuisiniers, mais méfiez-vous : celui que certains stands d'épices proposent pour 10 ou 20 Dh le gramme n'est souvent que du carthame.

Le vrai safran, correspondant aux stigmates (extrémités supérieures) du pistil des fleurs de crocus, se présente sous forme de filaments plus délicats, d'un rouge moins vif que les pistils de carthame, avec une minuscule extrémité jaune. Si son coût est élevé, c'est qu'on le récolte uniquement une fois par an, en octobre. Il faut cultiver 1 hectare de crocus pour en obtenir 3 kg. Le vrai safran vient du village marocain de Taliouine et coûte autour de 60 Dh le gramme. Parmi les bonnes adresses, figurent l'apothicaire Tuareg (ci-dessous), Yannass (p. 53) et le marché du *mellah* (p. 103).

Apothicaire Tuareg

ÉPICES

37 PLAN P. 60, G5

Un temple des épices ! Le propriétaire se fera un plaisir de vous faire découvrir sa boutique à l'ancienne, pleine à craquer d'épices et d'aromates à consommer au quotidien et de mélanges naturels plus inhabituels utilisés traditionnellement pour soigner ou chasser les djinns. Le véritable safran de Taliouine y est vendu 40 Dh le gramme. (186 place Rahba Kedima ; 9h-22h)

Norya Ayron

MODE ET ACCESSOIRES

38 PLAN P. 60, F2

L'Algérienne Norya Ayron a installé sa boutique au restaurant le Jardin (p. 65). Elle s'inspire des caftans et *abaya* (vêtement féminin porté au-dessus des autres) traditionnels pour créer des pièces en soie colorée, et a conquis les actrices Maggie Gyllenhaal et Sharon Stone avec ses sacs en cuir ou en suédine, ses pochettes et ses bijoux originaux. (0661 29 59 90 ; www.norya-ayron.com ; Le Jardin, 32 derb Sidi Abdelaziz ; 11h-18h)

Herboriste La Sagesse

COSMÉTIQUES

39 PLAN P. 60, G2

Cette herboristerie tenue par la même famille depuis cinq générations accueille les touristes en quête d'épices, de remèdes et de soins beauté d'origine naturelle. Demandez à Haj Brahim ou à ses filles de vous expliquer les vertus de leurs extraits naturels en flacon. Si les boutiques comme celle-ci sont nombreuses dans les souks, on apprécie ici la terrasse sur le toit, avec vue sur la koubba almoravide (p. 85) et les remparts. (0524 39 11 60 ; souk Lekbir ; 9h-20h)

Explorer

Kaat Benahid et Bab Debbagh

Avec Mouassine, Kaat Benahid forme le cœur de l'ancienne médina dont le lacis de ruelles cache des riads du XVIIe siècle. Sur sa bordure ouest, le palais Mnebhi abrite aujourd'hui le musée de Marrakech – l'un des nombreux musées du quartier. À l'est se trouvent Bab Debbagh et les tanneries à l'odeur âcre.

Notre sélection

- **Maison de la Photographie (p. 78)**. *Une remontée dans le temps grâce à une formidable collection de photos anciennes.*

- **Musée de Marrakech (p. 80)**. *Le patio intérieur du palais Mnebhi est somptueusement décoré.*

- **Musée orientaliste de Marrakech (p. 83)**. *Des œuvres de Majorelle, Delacroix, Dufy et d'autres peintres orientalistes dans un riad du XVIIe siècle.*

- **Tanneries de Bab Debbagh (p. 84)**. *Pour voir les tanneurs à l'ouvrage : un métier très dur, enveloppé dans une odeur âcre.*

- **Le Trou au Mur (p. 85)**. *Un restaurant contemporain sur un toit-terrasse, pour goûter des plats marocains peu connus et siroter des cocktails.*

Comment s'y rendre et circuler

En vous dirigeant vers le nord à travers les souks centraux, vous finirez par tomber sur la place Ben Youssef. La nuit, la rue Mouassine est plus sûre.

Pour accéder en voiture à Kaat Benahid, demandez la place du Moukef.

Plan du quartier p. 82

Tanneries de Bab Debbagh (p. 84)

Les incontournables

Maison de la Photographie

Cette galerie est née de la rencontre entre le Parisien Patrick Menac'h et le Marrakchi Hamid Mergani, deux collectionneurs de photographies marocaines anciennes. Les clichés présentés ici emmènent le visiteur à la découverte des scènes et des paysages fixés sur pellicule par les premiers photographes à avoir sillonné le Maroc.

PLAN P. 82, E1

0524 38 57 21

www.maisondelaphotographie.ma

46 rue Souk el-Fassi

Tarif plein/enfant 50 Dh/gratuit

9h30-19h

Portraits anciens

Les salles qui bordent le patio du rez-de-chaussée sont habituellement consacrées aux portraits – certaines expositions changent tous les six à douze mois. Les sujets sont variés, des femmes tatouées des ethnies des montagnes à l'aristocratie citadine de Fès. Parmi la collection permanente figure une extraordinaire photo de Hamidou Laambre, un domestique subsaharien, prise en 1885 par un bibliothécaire de Tanger nommé Arévalo.

Les débuts de la photographie au Maroc

Au rez-de-chaussée, le salon situé à l'arrière abrite les clichés les plus anciens, précieux témoignages de la vie quotidienne de l'époque telle que la saisirent les premiers photographes européens arrivés dans le pays. Admirez les images de Tanger entre 1870 et 1900.

Paysages et modes de vie

Au 1er étage, les pièces entourant le balcon renferment d'intéressants clichés pris en particulier par le Hongrois Nicolas Muller (vers 1940) et par le Belge Charles Henneghien (vers 1960). Vous remarquerez les photos des années 1920 des tombeaux saadiens, de la mosquée Ali Ben Youssef, de la place Jemaa-el-Fna et des remparts de Marrakech sur fond de paysage totalement désertique.

La vie dans le Haut Atlas

En grimpant l'escalier vers le toit-terrasse, arrêtez-vous dans la petite salle où est présenté le documentaire de 1956 du photographe français Daniel Chicault consacré au Haut Atlas. Ce fut le premier à être tourné au Maroc en couleurs ; il livre un rare aperçu de la vie rurale de l'époque. Au même étage, ne manquez pas la pièce sombre consacrée aux autochromes.

★ À savoir

- Dans tout le musée, des dossiers contenant des plaquettes d'information permettent d'en savoir plus sur l'histoire de la photographie au Maroc.
- La petite boutique à l'entrée vend des tirages imprimés à partir des négatifs de bon nombre des clichés exposés.

Une petite pause ?

- Le café sur le toit-terrasse de la Maison de la Photographie (p. 87) offre l'un des points de vue les plus élevés sur la médina : parfait pour siroter un café ou un thé à la menthe.
- Juste un peu plus bas dans la rue, Le Trou au Mur (p. 85) est un restaurant marocain contemporain qui sert aussi une cuisine internationale – c'est un merveilleux endroit pour un déjeuner arrosé de vin.

Les incontournables

Musée de Marrakech

Si les murs de ce palais pouvaient parler, ils auraient bien des histoires à raconter. Résidence de Mehdi Mnebhi, ministre de la Défense sous le règne du sultan Moulay Abdelaziz (1894-1908), cette somptueuse demeure tomba ensuite entre les mains de Thami el-Glaoui, le pacha de Marrakech. Même s'il est aujourd'hui un peu défraîchi, son intérieur n'en est pas moins remarquable.

PLAN P. 82, B2

0524 44 18 93

www.museedemarrakech.ma

Place Ben Youssef

Tarif plein/enfant 70/30 Dh

9h-18h30

Cuisine

La partie la plus sobrement décorée du palais est l'ancienne cuisine, où seuls quelques zelliges viennent contraster avec les carreaux de céramique verts au sol et les murs de plâtre blanc (il y a aussi une fontaine asséchée). Elle est aujourd'hui dévolue aux œuvres d'art contemporain marocain d'artistes réputés comme Mohamed Nabili et Tibari Kantour.

Patio intérieur

Le patio intérieur couvert est un joyau, avec des arcades en bois de cèdre, des vitraux, des portes aux délicats motifs peints et les incontournables zelliges ; le tout dominé par une énorme lampe en cuivre suspendue au-dessus d'une fontaine centrale. Les salons qui l'entourent accueillent des collections consacrées aux broderies marocaines et à la tradition du thé, ainsi qu'un bel ensemble de céramiques de Fès, datant pour la plupart du XIXe siècle – à une époque où les artisans utilisaient encore un mélange de minéraux pour obtenir une couleur bleue si particulière.

Hammam

Les trois pièces surmontées d'une coupole sont caractéristiques de l'architecture traditionnelle des hammams. Un *beit el-bared* (frigidarium – pièce froide), un *beit el-wastani* (tepidarium – pièce tiède) et un *beit el-skhoun* (caldarium – pièce chaude), accessibles par un étroit couloir, se succèdent. L'espace principal est orné au plafond d'un motif islamique traditionnel représentant le soleil. Dans la même salle, la niche sous le riche ouvrage en plâtre aurait abrité la source d'eau courante pour le hammam.

★ À savoir

- Le magnifique patio intérieur est un rêve pour les photographes. Mais dans cet espace couvert, privé de lumière naturelle, attention à bien régler la balance des blancs de votre appareil pour ne pas obtenir un cliché jaunâtre.
- Les œuvres d'art exposées ne sont pas toujours très bien mises en valeur ou légendées : le musée vaut surtout pour sa sublime décoration.

Une petite pause ?

- Dans la cour à l'entrée, vous pourrez vous asseoir et commander un thé à la menthe dans le charmant café.

Nos adresses
Les incontournables p. 78
Découvrir p. 83
Se restaurer p. 85
Prendre un verre p. 87
Shopping p. 87
0 100 m
N
A B C D E F
1 2 3 4
Maison de la Photographie
Musée de Marrakech
Musée orientaliste de Marrakech
Musée Boucharouite
Mosquée Ali Ben Youssef
Médersa Ali Ben Youssef
Dar Bellarj
Koubba Ba'adiyn
Mosquée
Place Ben Youssef
KAAT BENAHID
SOUKS CENTRAUX
Rue Souk el-Fassi
Rue Issebtiyne
Rue Azbezt
Derb Sidi Ishak
Souk Chkaira
Souk Smata
Souk Chaaria
Souk el-Kebir (Souk Nejarine)
Souk Stailia (Souk Atarin)
1 2 3 4 5 6 7 8 9 10 11 12 13

Découvrir

Musée orientaliste de Marrakech

MUSÉE

1 PLAN P. 82, D2

Petit frère du MACMA (p. 132) à Guéliz, ce musée privé, ouvert en 2019, présente les œuvres de maîtres de la peinture orientaliste dans un superbe riad du XVIIᵉ siècle. Parmi ces artistes qui tombèrent sous le charme de la population et des paysages du Maroc aux XIXᵉ-XXᵉ siècle, figurent des œuvres de Delacroix, Dufy, Henri Le Riche, Edy Legrand, Jacques Majorelle et même Salvador Dalí. Terminez la visite en prenant un verre dans le café sur le toit-terrasse. (The Orientalist Museum of Marrakech ; theorientalistmuseumofmarrakech.business.site ; 5 derb el-Khamsi ; tarif plein/- 12 ans 50 Dh/gratuit ; 10h-19h)

Musée Boucharouite

MUSÉE

2 PLAN P. 82, D4

Les tapis *boucharouite* (ou *boucharouette*, faits de bouts de tissus récupérés) sont les parents pauvres des tapis de Marrakech. Pourtant, la collection présentée dans un riad du XVIIIᵉ siècle atteste de la qualité de cet art amazigh (berbère). Ce musée est l'œuvre du collectionneur Patrick de Maillard, souvent présent pour en parler avec enthousiasme. Il est également dévolu à l'artisanat populaire marocain. (0524 38 38 87 ; derb el-Cadi ; tarif plein/enfant 40 Dh/gratuit ; 9h30-18h lun-sam, fermé en août)

Dar Bellarj

CENTRE CULTUREL

3 PLAN P. 82, C1

Cet ancien hôpital pour les cigognes (*bellarj*, en arabe) transformé en fondation pour la culture vivante, était fermé jusqu'à nouvel ordre lors de notre passage. Le centre, géré par la fondation Dar Bellarj, propose chaque année un thème différent (films, vêtements féminins, contes, etc.). Démonstrations de calligraphie et ateliers d'art sont régulièrement au programme. Pendant le ramadan, la fondation accueille le soir une série de concerts dans le patio central. L'entrée est gratuite, sauf pour

Médersa Ali Ben Youssef (p. 85)

LUCIA TIEKO/SHUTTERSTOCK ©

Les tanneries de Bab Debbagh

La tradition marocaine du travail du cuir remonte au Moyen Âge et les **tanneries** (Association Sidi Yacoub ; rue de Bab Debbagh ; sam-jeu) autour de Bab Debbagh – près de la rivière où elles puisent l'eau nécessaire au tannage des peaux – existent depuis des siècles. La plus grande coopérative, l'Association Sidi Yacoub, se trouve dans une ruelle, du côté sud de la rue de Bab Debbagh. Vous saurez que vous l'avez atteinte à l'odeur âcre qui vous piquera le nez.

Cette odeur âcre provient de l'ammoniaque mis dans les bassins pour assouplir les peaux et les dépouiller de leurs poils. Contrairement à ce qui se pratique dans les tanneries de Fès, vous ne verrez pas de teintures de toutes les couleurs : ici, les tanneurs ne travaillent que le cuir naturel ; la teinture se fait ailleurs. Autour des bassins d'argile grossièrement façonnés, vous découvrirez les ateliers de maroquinerie, transmis de génération en génération. Dur et usant, le métier de tanneur n'est pratiqué que par des hommes.

Quelques conseils pour la visite

- L'Association Sidi Yacoub est ouverte aux touristes et la visite est gratuite. Pourtant, à l'entrée, vous risquez d'être accosté par un "gardien" qui vous soutiendra le contraire. Tentez de l'ignorer ou donnez-lui un pourboire de 10 à 20 Dh, et insistez pour entrer sans "guide" (un "guide" vous coûterait très cher).

- Autre solution : arriver avec un guide officiel dans le cadre d'une visite de la médina ; c'est le seul moyen d'éviter ce type de harcèlement.

- Allez-y de préférence le matin, pour observer les tanneurs au travail : on les voit habituellement transformer les peaux d'animaux puantes débarquées par charrettes à ânes en des cuirs souples, destinés à la fabrication d'articles qui seront ensuite vendus dans les souks.

- Les maisons alentour offrent une intéressante vue plongeante sur les tanneries. Toutefois, elles sont souvent occupées par des ateliers de maroquinerie dont les rabatteurs peuvent se montrer très insistants. Donnez un pourboire de 10 à 20 Dh pour l'accès ; ne vous sentez pas obligé d'acheter.

- Méfiez-vous des jeunes gens qui vous suivraient à pied ou à moto depuis les souks centraux : ils pourraient insister pour entrer avec vous moyennant un prix exorbitant. Prenez plutôt un taxi jusqu'à l'extérieur de Bab Debbagh, puis rejoignez à pied les tanneries.

certains événements. Expositions habituellement commentées en français et en arabe. (0524 44 45 55 ; 7-9 Toualate Zaouiate Lahdar ; 9h30-17h30 lun-sam)

Médersa Ali Ben Youssef BÂTIMENT HISTORIQUE

4 PLAN P. 82, F2

"Toi qui franchis ma porte, que tes plus grands espoirs soient surpassés" : depuis près de six siècles, cette inscription accueille les visiteurs dans cette médersa qui fut l'une des plus importantes d'Afrique du Nord et reste l'une des plus belles. Construite sous les Mérinides au XIVe siècle, elle fut remaniée et ornée d'une décoration fastueuse en 1565 à l'époque saadienne. À son apogée, elle accueillait plus de 900 étudiants. À l'étage, on peut voir les 132 cellules dans lesquelles ils logeaient. En cours de restauration lors de nos recherches, elle devait rouvrir à brève échéance.

La médersa est associée à la **mosquée Ali Ben Youssef** voisine (fermée aux non-musulmans). (place Ben Youssef ; gratuit ; lun-dim 9h-18h).

Koubba Ba'adiyn SANCTUAIRE

5 PLAN P. 82, B2

Les Almohades, qui détruisirent bon nombre des constructions de leurs prédécesseurs almoravides, épargnèrent cette koubba du XIIe siècle, en face de la mosquée Ali Ben Youssef. Elle révèle l'influence almoravide dans l'architecture hispano-mauresque : arcs outrepassés, voûtes nervurées, arabesques, coupoles sur une base crénelée. Elle est fermée au public, mais on l'aperçoit par la grille. (place Ben Youssef)

Se restaurer

Le Trou au Mur GASTRONOMIQUE €€€

6 PLAN P. 82, C1

Méchoui (sa spécialité), plats marocains créatifs, cuisine fusion, classiques internationaux : ce restaurant contemporain chic et décontracté rallie tous les suffrages. Installez-vous au frais dans la salle ou montez sur le toit-terrasse pour déguster des martinis géants, un pâté du berger berbère, un *mac 'n' cheese* (macaronis au fromage)... Le *berkoukesh* ("couscous à gros grain" à la sauce tomate) et le *mahensha* (gâteau aux amandes et au miel) sont particulièrement délicieux. (0524384900 ; www.letrouaumur.com/fr/ ; 39 derb el-Farnatchi, rue Souk el-Fassi ; plats 100-200 Dh ; 12h30-15h et 18h30-0h mer-lun ;)

Naima MAROCAIN €€

7 PLAN P. 82, C3

L'adresse rêvée pour goûter un couscous préparé par de vraies cuisinières marrakchies. Frayez-vous un chemin dans la salle minuscule, commandez un plat du jour (tajine ou couscous, pas

Quelques conseils pour visiter la médina

La lutte menée par la **brigade touristique** (police touristique ; plan p. 42, C3 ; 0524384601 ; rue Ouadi el-Makhazine, Jemaa-el-Fna) contre les faux guides a porté ses fruits, même si vous pourrez encore être abordé avec insistance par des rabatteurs cherchant à vous attirer dans des boutiques, des restaurants ou des hôtels. Le problème se pose notamment à Kaat Benahid. Méfiez-vous de ceux, petits ou grands, qui proposent de vous aider à trouver votre chemin – renseignez-vous plutôt auprès d'un commerçant. Gare aux pickpockets.

- Les guides officiels placent en évidence leur photo d'identité et un numéro d'enregistrement. Ils abordent rarement des clients dans la rue.

- Si vous demandez à un guide non officiel de vous conduire quelque part dans la médina, un pourboire de quelques dirhams suffira.

- Un GPS permet de s'orienter à peu près dans la médina. Google Maps est correct (sauf dans les souks centraux) ; Maps.Me est plus utile ; téléchargez les plans pour y avoir accès quand le *roaming* est désactivé.

- On peut en général sortir son téléphone sans problème dans la médina. Mais si des habitants vous disent de le ranger, écoutez-les !

de carte), et patientez devant un thé à la menthe pendant que ces dames s'activent aux fourneaux. (derb Sidi Ishak, rue Azbezt ; repas 100 Dh ; 11h-22h)

Le Foundouk

MAROCAIN **€€€**

8 PLAN P. 82, D1

Un lustre en fer arachnéen éclairé par des bougies donne le ton de ce restaurant raffiné, doté d'une carte marocaine et d'une autre internationale. Les plats sortent de l'ordinaire : tajine aux calamars et *chermoula* (sauce à base d'herbes, d'ail et d'épices), gigot d'agneau confit à l'ail, au safran et aux poires, couscous aux sept céréales avec poisson et artichaut… Les portions ne sont pas énormes. (0524 37 81 90 ; www.foundouk.com ; 55 rue Souk el-Fassi, près de la médersa Ali Ben Youssef ; plats 100-210 Dh ; 19h-0h jeu-mar ;)

Dar Tazi

MAROCAIN **€**

9 PLAN P. 82, E1

À côté de la Maison de la Photographie, un service souriant et efficace, un cadre douillet au charme suranné, une terrasse sur le toit et une carte avec *briouat* (feuilletés), pastilla et tajine de poulet berbère. Un endroit parfait pour déjeuner ou prendre une pâtisserie avec un thé à la menthe (30 Dh). (☎0524 37 83 82 ; www.restaurantdartazi.com ; rue Souk el-Fassi ; plats 50-70 Dh ; ⏰10h30-22h lun-mer et ven-sam, 10h30-15h et 18h30-22h jeu)

Prendre un verre

Kafe Merstan — CAFÉ

10 PLAN P. 82, C3

Échappez à l'agitation en savourant un jus de fruits frais, ou un thé à la menthe ou à la cannelle sur le toit du Merstan. Service aimable, tables à l'ombre de tapis *boucharouite* et belle vue, l'endroit a tout pour plaire et se reposer un moment en plein cœur des souks. Également prisé pour sa cuisine. (☎0524 38 00 45 ; 2 souk Chaaria ; ⏰10h30-22h ; 📶)

Terrasse de la Maison de la Photographie — CAFÉ

11 PLAN P. 82, E1

Cette terrasse, l'une des plus hautes de la médina, est parfaite pour admirer les toitures en terre cuite en sirotant un jus de fruits ou un café, après avoir admiré la collection de photographies (p. 78) aux étages inférieurs. (☎0524 38 57 21 ; www.maisondelaphotographie.ma ; 46 rue Souk el-Fassi ; ⏰9h30-19h)

Shopping

Anamil — ART ET ARTISANAT

12 PLAN P. 82, C3

Vous cherchez un souvenir local de belle qualité ? Un tapis en laine original ? Abdess Anamil peut vous aider. Sa petite boutique est remplie de beaux articles qu'il a dénichés dans les ateliers d'artisans de Marrakech ou dans des boutiques d'antiquités. Il en dessine également – comme les textiles et les céramiques lavables en machine. (48 derb Sidi Ishak, rue Azbezt ; ⏰10h-18h)

La Qoubba Galerie d'Art — ART

13 PLAN P. 82, B2

Élégante, sans être intimidante, cette galerie change des boutiques et stands d'art de la médina. Elle expose le travail d'artistes marocains contemporains réputés, en témoignant d'une exigence supérieure en termes de qualité – les œuvres sont accompagnées d'un certificat d'authenticité. Les prix démarrent autour de 300 Dh pour les petits croquis. Expédition des grandes toiles par DHL. (☎0524390371 ; www.qoubbagalerie.com ; 91 souk Talâa ; ⏰9h-19h)

Promenade à pied

La médina historique

Cette balade dans le cœur historique de Marrakech embrasse tous les monuments historiques de la ville. Elle vous fera pénétrer dans les édifices religieux protégés par de hauts murs et explorer les somptueux palais construits par les sultans et les pachas, qui ont fait de Marrakech une cité impériale.

Comment y aller

La Maison de la Photographie se niche au sein de la médina, au nord de la place Jemaa-el-Fna. Elle n'est pas accessible en taxi. Pour la rejoindre, le plus simple est de partir de Dar el-Bacha et de marcher vers l'est à travers la médina.

❶ Maison de la Photographie

Pour se faire une idée du Marrakech d'autrefois, rien de tel qu'une plongée parmi les photos sépia de la Maison de la Photographie (p. 78). Observez attentivement les clichés de la place Jemaa-el-Fna, de la médersa Ali Ben Youssef et des tombeaux saadiens dans les années 1920. Après la visite, montez prendre un café ou un thé sur le toit-terrasse.

❷ Musée de Marrakech

Le palais de Mehdi Mnebhi a abrité jadis des personnages riches et puissants. Devenu le musée de Marrakech (p. 80), il renferme aujourd'hui des collections d'objets d'art anciens et modernes.

❸ Mosquée de la Koutoubia

C'est le monument le plus emblématique de la ville. Édifié en pierres dorées par les Almohades, le minaret de la mosquée de la Koutoubia (p. 38), aux proportions admirables, domine fièrement Marrakech.

❹ Dar Si Saïd

Prenez le temps d'admirer les plafonds recouverts de *zouak* (panneaux de bois sculpté et peint) des salles du 1er étage du palais de Dar Si Saïd (p. 40), qui abrite aujourd'hui le musée national du Tissage et du Tapis.

❺ Palais de la Bahia

Le palais de la Bahia (p. 92), "la Belle", incarne la vision du luxe tel que le concevait le grand vizir Ahmed ben Moussa lorsqu'il en commanda la construction, qui dura 14 ans. L'intérieur est intégralement décoré ; les boiseries en cèdre des plafonds illustrent tout l'art et le savoir-faire des *mâalem* – maîtres artisans marocains.

❻ Mellah

Le *mellah*, aux étroites ruelles, est le quartier où vivait autrefois la communauté juive. On peut y visiter la synagogue Lazama (p. 101), qui abrite un petit musée consacré à la vie des juifs marocains et, à 5 minutes à pied vers l'est, le Miaâra, le cimetière juif aux tombes chaulées.

❼ Palais el-Badi

Il ne reste que quelques vestiges de la majesté du palais el-Badi (p. 99), qui fut entièrement détruit deux cents ans environ après sa construction par le sultan Ahmed el-Mansour, au XVIe siècle. Il est réputé aujourd'hui pour les cigognes qui y nichent. Le minbar d'origine de la mosquée de la Koutoubia y est conservé.

❽ Tombeaux saadiens

Les tombeaux saadiens (p. 94), recouverts de décors de marbre et de stuc, englobent la sépulture du sultan Ahmed el-Mansour. Ils témoignent du faste de la dynastie saadienne.

Explorer

La casbah et le mellah

Lorsque les Almoravides fondèrent Marrakech en 1062, ils s'établirent dans la casbah, qui servait de citadelle et d'ensemble palatial aux sultans. Ce secteur de la médina recèle des sites historiques majeurs. Pourtant, l'ambiance est assez paisible, car les groupes de touristes s'y attardent rarement. La casbah a pour voisin le mellah, l'ancien quartier juif de la ville.

Notre sélection

- ***Palais de la Bahia (p. 92)****. Les salons royaux dévoilent de splendides plafonds et intérieurs.*
- ***Tombeaux saadiens (p. 94)****. Le mausolée du sultan Ahmed el-Mansour est un joyau de stuc et de marbre.*
- ***Palais el-Badi (p. 99)*** *Observez les nids de cigogne sur les remparts des vestiges du XVIe siècle.*
- ***Synagogue Lazama (p. 101)****. L'une des rares en activité, elle témoigne de l'histoire des juifs à Marrakech.*
- ***Cafe Clock (p. 102)****. Ce café perpétue la tradition du conte (hikayat) et reçoit des musiciens.*

Comment s'y rendre et circuler

Dix minutes entre les places Jemaa-el-Fna et des Ferblantiers, par la rue Riad Zitoun el-Jedid ou Riad Zitoun el-Kedim.

Descendez au palais de la Bahia ou place des Ferblantiers.

Calèche Pour une balade touristique (vous en trouverez sur la place Jemaa-el-Fna).

Plan du quartier p. 98

Une porte de la casbah JOHN COPLAND/SHUTTERSTOCK ©

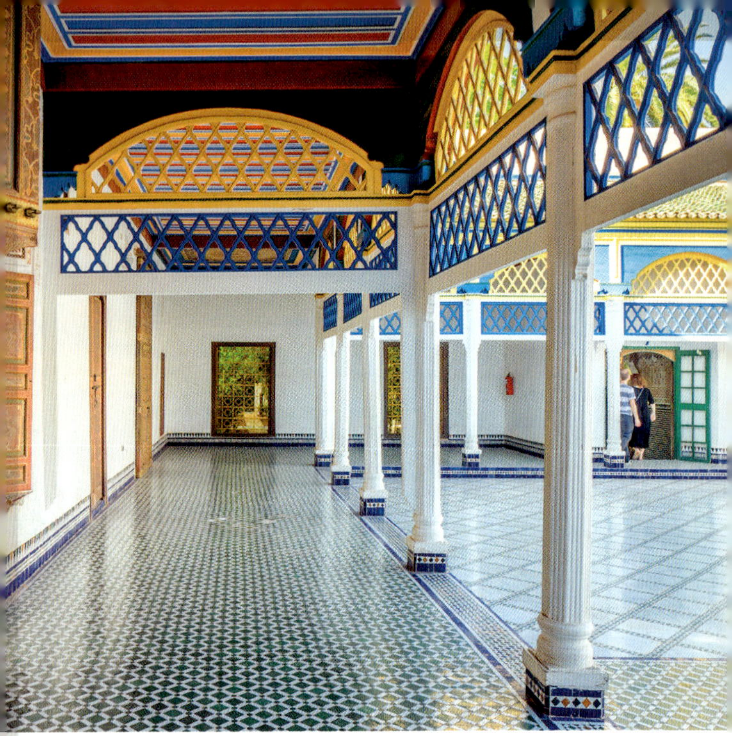

Les incontournables

Palais de la Bahia

Imaginez les meilleurs artisans du Maroc missionnés pour répondre aux rêves de faste et de grandeur : voici le palais de la Bahia ("la Belle"), qui dévoile, sur 8 000 m², une profusion de marqueteries, de moulures et de zouak. Son édification, qui demanda quatorze années, commença dans les années 1860, sous l'égide de Si Moussa, et se poursuivit sous son fils et successeur, le grand vizir Ahmed Ben Moussa.

PLAN P. 98, C1

0524 38 95 64

Rue Riad Zitoun el-Jedid

Tarif plein/enfant
70/30 Dh

9h-17h

Patios

Passé la porte, on débouche sur un frais et verdoyant patio, puis sur un deuxième... et sur un troisième, avec en son centre une pièce d'eau emplissant l'espace d'un son cristallin. Les riches demeures marocaines s'articulent invariablement sur ce modèle simple : une ou plusieurs cours carrées rafraîchies par une fontaine, autour desquelles s'agencent des pièces ne communiquant pas entre elles. Ce modèle posé, l'art de l'architecte s'efface derrière celui des artisans.

Boiseries, stucs et zelliges

Du plus infime recoin du sol aux plus hauts détails des plafonds, chaque centimètre carré a été décoré, doré, marqueté, recouvert d'émail, de peinture ou de bois précieux. Les murs arborent des zelliges polychromes et des ornementations en stuc, les plafonds de bois sont peints et sculptés, les sols sont couverts de mosaïques... Il faut prendre le temps d'imaginer les artisans découpant les carreaux de céramique, les posant un à un, centimètre après centimètre. Un travail de fourmi auquel certains trouvent à redire : le vizir aurait trop pressé ses artisans, les zelliges pourraient avoir été mieux ajustés. Mais ne boudons pas notre plaisir...

Beautés cachées

Marrakech est ainsi : ses palais, au cœur de la ville, sont invisibles de l'extérieur, et dissimulés derrière des murs aveugles et de lourdes portes. La Bahia n'est pas une exception : seule une partie des 8 000 m^2 et des 150 chambres du palais est ouverte au public. Une large part privée est toujours utilisée par le souverain actuel, Mohammed VI, pour recevoir des invités de marque.

★ À savoir

- Pour éviter les groupes de touristes, présentez-vous à l'ouverture ou aux dernières heures de la journée.
- Accordez-vous du temps pour la visite : vous pourrez ainsi laisser passer les groupes.
- Cœur incontesté du palais, la grande cour d'honneur, restaurée en 2018, étale ses 1 500 m^2 de splendeurs entre le petit riad et le grand riad.
- À la sortie, profitez du jardin ombragé pour marquer une halte et vous préparer à repartir dans les rues de la ville.

Une petite pause ?

- Remontez riad Zitoun el-Kedim pour vous régaler d'un savoureux sandwich marocain chez Fox Art Food (p. 46).
- L'après-midi, faites une pause au Kosybar (p. 103), place des Ferblantiers, d'où l'on peut admirer le palais.

Les incontournables

Tombeaux saadiens

On dit que l'on n'emporte pas ses richesses dans sa tombe. Le sultan saadien du XVIe siècle Ahmed el-Mansour el-Dahbi a fait mentir l'adage. Surnommé "le Victorieux" pour ses succès contre le Portugal et le Soudan, et "le Doré" pour ses richesses tirées du commerce du sucre, il fit couvrir d'or le plafond de la salle des Douze Colonnes, au décor de stuc et de marbre, pour que son tombeau soit digne de sa gloire.

PLAN P. 98, B2

Rue de la Casbah

Tarif plein/enfant 70/30 Dh

9h-17h

Le faste des Saadiens

Les Saadiens, qui succédèrent aux Mérinides en 1525, s'enrichirent grâce au commerce du sucre et entretinrent avec les cours européennes des relations diplomatiques qui marquèrent le début de l'aura internationale du Maghreb. Sous leur dynastie, Marrakech retrouva une place centrale – alors que les Mérinides lui avaient préféré Fès. Les Saadiens étaient raffinés, avides de plaisirs et de faste, et enclins à des rivalités et aux intrigues de palais ; plusieurs sultans saadiens périrent de mort violente.

Simples sépultures et prestigieux tombeaux

Dans une cour bordée de murs ocre où s'étirent les ombres de figuiers et de quelques hauts palmiers, on commence par voir les sépultures des femmes, au sol, recouvertes d'un simple damier de zelliges. Leur simplicité tranche avec les mausolées décorés de bois finement sculpté bâtis autour, qui accueillent les sépultures les plus prestigieuses. Yacoub el-Mansour repose dans le plus vaste, la salle des Douze Colonnes, sous une coupole de cèdre. Les princes les plus importants sont enterrés dans la salle des Trois Niches et dans la cour. La mère du sultan repose dans son propre mausolée.

Redécouverts en 1917

Après la chute des Saadiens, le sultan alaouite Moulay Ismaïl décida de faire murer les tombeaux afin d'éloigner des esprits le souvenir de ses prédécesseurs. Ainsi cachés aux regards, seulement accessibles par un petit passage depuis la mosquée de la Casbah (mosquée el-Mansour), ils furent oubliés jusqu'à ce que des archéologues français les ramènent à la lumière, en 1917.

★ À savoir

- Les groupes envahissent le site de 9h30 à 13h et la file d'attente pour admirer le mausolée d'Ahmed el-Mansour peut être longue.
- En fin d'après-midi, le marbre se pare de reflets dorés.
- Lors de nos recherches, la salle des Douze Colonnes n'était encore visible que par une arche, mais la création d'un parcours d'observation tout autour était envisagée.
- L'entrée du site n'est pas indiquée. Elle est dissimulée dans un recoin de la place de la mosquée de la Casbah, sous un porche couvrant un étroit passage.

Une petite pause ?

- L'agréable Kasbah Café (p. 105) est situé en face de l'entrée des tombeaux.
- Le Cafe Clock (p. 102), rue de la Casbah, sert des burgers de dromadaire et des milk-shakes aux dattes dans une ambiance sympathique.

Promenade à vélo

Boucle royale dans la casbah

Les rues du vaste quartier de la casbah vivent à un rythme tranquille et se prêtent aux découvertes à vélo. Partez de la station de vélos en libre-service Medina Bike, en face de la mosquée de la Koutoubia (p. 38).

L'itinéraire

Départ mosquée de la Koutoubia

Arrivée mosquée de la Koutoubia

Distance 5 km

Durée 1-2 heures

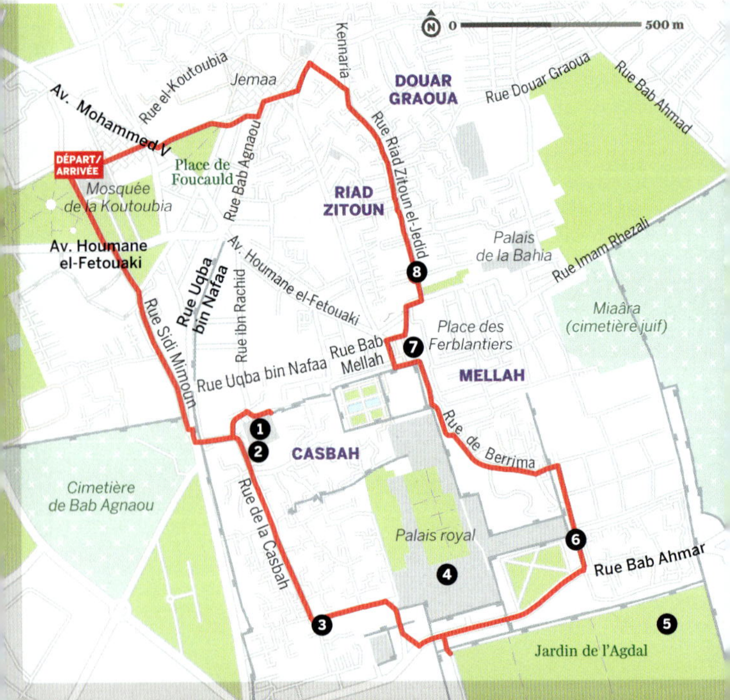

❶ Mosquée de la Casbah

Contournez la mosquée de la Koutoubia par l'arrière et prenez la direction du sud par la rue Sidi Mimoun, avant de tourner à gauche, puis à droite en passant sous deux arches des fortifications pour rejoindre la rue de la Casbah. L'immense mosquée de la Casbah (mosquée el-Mansour) nous contemple du haut de ses presque 900 ans d'histoire. En fin de journée, les femmes du quartier se retrouvent sur sa place fermée à la circulation.

❷ Tombeaux saadiens

Poursuivez vers le sud dans la rue de la Casbah et longez les tombeaux saadiens (p. 94). La vie s'anime à mesure que la chaussée se resserre. Des mécaniciens surgissent de tout petits garages, au milieu des odeurs des grillades sur les stands.

❸ Cafe Clock

Lorsque vous n'aurez d'autre choix que de tourner à gauche, repérez le Cafe Clock (p. 102) qui fait l'angle. Il attire les jeunes créatifs marrakchis ; repérez les œuvres de *street art* à l'entrée.

❹ Palais royal

Direction l'est. Faites une pause là où la chaussée s'élargit pour admirer le palais royal (fermé au public). Les remparts crénelés domineront le reste de votre balade : la construction de bâtiments de plus de deux niveaux est interdite dans le secteur.

❺ Jardin de l'Agdal

Si le verger royal de l'Agdal (p. 101) est ouvert, poursuivez votre échappée vers le sud. Une route de graviers s'y enfonce entre les orangers, les dattiers, les citronniers, les figuiers, les noisetiers et les grenadiers jusqu'à un pavillon que rafraîchit un vaste bassin. Les gardiens surveilleront votre vélo moyennant quelques dirhams.

❻ Rue de Berrima

Faites le tour des remparts sud et est du palais, puis coupez par le *mellah* pour rejoindre la rue de Berrima, au nord et hors des radars touristiques. Humez l'odeur des sardines vendues sur les étals.

❼ Place des Ferblantiers

Le rouge brique de l'enceinte du palais royal cède la place au royaume des cigognes : le palais el-Badi, du XVIe siècle. Passez l'arche ouverte sur la **place des Ferblantiers** (10h-19h), où l'on travaillait autrefois les métaux. S'il ne reste que quelques artisans, on peut toujours y acheter des lanternes.

❽ Riad Zitoun el-Jedid

Achevez votre tour à vélo en prenant, vers le nord, Riad Zitoun el-Jedid dans la médina. Si vous osez, traversez la place Jemaa-el-Fna ; sinon, prenez l'effervescente avenue Houmane el-Fetouaki pour retourner à la mosquée de la Koutoubia.

Nos adresses
Les incontournables p. 92
Découvrir p. 99
Se restaurer p. 102
Prendre un verre p. 103
Shopping p. 104
0
200 m
A
B
C
D
E
F
1
2
3
4
MELLAH
CASBAH
Palais de la Bahia
Tombeaux saadiens
1 Palais el-Badi
2 Miaâra (cimetière juif)
3 Synagogue Lazama
4
5 Spa de La Sultana
6 Les Jardins de la Médina
7
8
9
10
11
12
13
14
Palais royal
Jardin de l'Agdal
Cimetière
Cimetière de Bab Agnaou
Bab Agnaou
Bab Er Rob
Bab Ksiba
Bab Al Ahmar
Mosquée de la Casbah
Rue Uqba bin Nafaa
Rue de la Casbah
Rue du Mechouar
Derb Chtouka
Rue Bab Mellah
Place des Ferblantiers
Derb Manchoura
Derb Lahbib Magni
Jnane Ben Chegra
Rue Imam Rhezali
Rue Riad Zitoun el-Jedid
Derb Jedid
Rue Riad Zitoun el-Kedim
Av. Houmane el-
Rue ibn Rachid
Rue Lalla Rkia
Rue Sidi Mimoun

Découvrir

Palais el-Badi

VESTIGES

1 PLAN P. 98, C2

Lorsque au XVIe siècle le sultan Ahmed el-Mansour (règne 1578-1603) fit paver son palais d'or, de cristal et de turquoises, son bouffon lui aurait lancé : "Cela fera une belle ruine." Il ne croyait pas si bien dire : soixante-quinze ans plus tard, l'endroit fut entièrement pillé. La cour immense, aménagée avec quatre espaces verts décaissés et des bassins, donne une idée de la majesté de l'édifice. Les remparts en pisé, dans lesquels nichent des cigognes, offrent une belle vue sur les environs. Depuis 2018, des expositions sont proposées sur place. Une reproduction en 3D du palais à son apogée est projetée en vidéo sur le mur est de l'enceinte. (derrière la place des Ferblantiers ; tarif plein/enfant 70/30 Dh ; 9h-17h)

Miaâra

CIMETIÈRE JUIF

2 PLAN P. 98, D1

Les cimetières musulmans marocains sont généralement interdits aux visiteurs. Ici, vous serez autorisé à déambuler (respectueusement) parmi les tombes chaulées surmontées de pierres du souvenir. Fondé en 1537, peu de temps avant le *mellah*, ce cimetière est toujours entretenu par la petite communauté juive de Marrakech. (rue el-Miaâra ; 10 Dh ; 9h-19h dim-jeu, 9h-17h ven, fermé durant les fêtes juives)

Palais el-Badi

ZARUBA ONDREJ/SHUTTERSTOCK ©

L'architecture de la médina

La médina est le quartier historique de Marrakech, la vieille ville qui se distingue par un plan et une architecture caractéristiques. Dans ce labyrinthe, vous ne cesserez de vous demander ce qui se cache derrière tel mur ou vous attend au bout de telle ruelle. Voici quelques clés pour faciliter votre découverte.

Casbah

Ce quartier fortifié, qui accueillait la famille régnante, réunissait le nécessaire pour tenir en cas de siège. La casbah de Marrakech, qui date du XIe siècle, est l'une des plus grandes du pays encore intacte. Elle abrite toujours le palais royal.

Remparts

Les Almoravides entourèrent Marrakech de 19 km de fortifications en pisé rose (terre renforcée avec de l'argile et de la craie), percées de 19 *bab* (portes). Aujourd'hui, ces remarquables murs défensifs de 2 m d'épaisseur séparent la médina de la ville nouvelle.

Bâtiments religieux

Les mosquées de la ville sont interdites aux non-musulmans – qui peuvent admirer les minarets de l'extérieur. Elles doivent leur forme carrée à la tradition berbère (amazighe) plus qu'arabe. Marrakech compte aussi sept zaouïas (ensembles religieux sous l'autorité d'une confrérie musulmane), reconnaissables à leurs toits revêtus de céramique verte, souvent accompagnés d'une koubba (édifice couvert d'une coupole – généralement, un mausolée).

Riads et diar

De si nombreux riads ont été transformés en hôtels qu'ils sont devenus synonymes de maisons d'hôtes. Ces maisons traditionnelles s'articulent autour d'un patio divisé en quatre parties, avec une fontaine en son centre. Les *diar* (pluriel de *dar*) sont dépourvus de jardin central.

Souks et kissariat

Les souks sont formés par le dédale de ruelles commerçantes de la médina. Les groupements de petites boutiques et d'ateliers, spécialisés dans un type de produits, et situés dans des voies transversales souvent dépourvues de nom (contrairement aux artères des souks), constituent une *kissaria* (*kissariat* au pluriel). La plupart débouchent sur une rue plus importante : si vous vous perdez, continuez tout droit !

Synagogue Lazama SYNAGOGUE

3 PLAN P. 98, D1

Dans le *mellah*, la synagogue Lazama (1492) continue d'accueillir une communauté juive de moins en moins nombreuse. Derrière une porte anonyme se cache un joli patio bleu et blanc, bordé à droite par la synagogue. À l'intérieur de la salle de prières, remarquez les zelliges dont les motifs dessinent une étoile de David. Les salles du rez-de-chaussée, sur la cour, abritent des expositions consacrées à la vie des juifs marocains. (derb Manchoura ; 10 Dh ; 9h-19h dim-jeu, 9h-18h ven, fermé durant les fêtes juives)

Jardin de l'Agdal VERGER

4 PLAN P. 98, D4

Le jardin de l'Agdal fut créé au XIIe siècle sous le règne du premier calife de la dynastie des Almohades, et resta longtemps le plus vaste jardin de Marrakech. Ce verger agrémenté de bassins s'étend au sud des remparts de la médina ; seule une petite partie est accessible au public, car il borde le palais royal. Depuis les tombeaux saadiens, comptez 45 minutes de marche en direction du sud. Préférez le vélo, surtout par temps chaud. (gratuit ; 7h30-17h ven et dim)

Spa de La Sultana SPA

5 PLAN P. 98, B2

Situé non loin des tombeaux saadiens, ce spa luxueux tout en marbre propose, outre des bains classiques, toutes sortes de soins : massages bien-être, gommages corporels à la cannelle, soins du visage à l'huile d'argan ou à la figue de Barbarie... Admirez la belle salle ornée de colonnes, avec Jacuzzi, cheminée et lanternes. Réservez. (0524 38 80 08 ; www.lasultanamarrakech.com ; près de la rue de la Casbah ; hammam et gommage 400 Dh ; 10h-20h)

Le minbar de la Koutoubia

Le minbar d'origine de la Koutoubia (XIIe siècle), conservé dans une salle du palais el-Badi (p. 99), constitue l'un des joyaux du site. On doit le décor de ses marches en bois de cèdre délicatement sculptées et incrustées d'or, d'argent et d'ivoire à des artistes de Cordoue, dirigés par un certain Aziz, *maâlem* – maître artisan marocain – dont le nom a été découvert sous les incrustations, au cours d'une restauration conduite par le Metropolitan Museum de New York.

Les Jardins de la Médina PISCINE, SPA

6 PLAN P. 98, B4

Ce boutique-hôtel et bar installé dans un palais du XIXe siècle est le plus bel endroit du sud de la médina pour paresser au bord de la piscine après un déjeuner léger. Son immense jardin est planté de palmiers, d'orangers, d'oliviers et de jacarandas dont les fleurs d'un mauve éclatant éclosent au début de l'été. Serviette et transat inclus dans le forfait piscine et déjeuner. Réservez. (0524 38 18 51 ; www.lesjardinsdelamedina.com ; 21 derb Chtouka ; forfait déj et piscine 400 Dh)

Se restaurer

Cafe Clock

CAFÉ **€€**

7 PLAN P. 98, B4

Le Cafe Clock, installé dans une ancienne école, a l'attrait d'un beau panorama de la casbah au soleil couchant depuis son toit-terrasse, et des plats corrects, pour certains végétariens, comme la quiche ou le couscous de saison. Sa spécialité, le burger de chameau, ravit les touristes. Mais son succès tient avant tout à ses animations culturelles, également prisées des jeunes Marrakchis – découverte de la ville à travers sa langue et sa culture, cours de cuisine ou de calligraphie, initiation à l'oud. (0524 37 83 67 ; www.facebook.com/CafeClockMarrakech/ ; 224 derb Chtouka ; plats 60-90 Dh ; 9h-23h ;)

Dynasties marocaines

La première fut celle des Berbères Almoravides, qui fondèrent la ville en 1062. Ils furent remplacés à partir de 1147 par un autre peuple berbère : les Almohades. Très religieux, ils bâtirent la mosquée de la Koutoubia, avant d'être chassés en 1209 par les Mérinides. Marrakech fut alors détrônée par Fès et ses élites s'installèrent dans la nouvelle capitale. Elle dut attendre 1525 et l'arrivée des Saadiens, originaires des abords de Taroudant, pour retrouver de sa superbe. Les Saadiens lui ont légué leurs tombeaux et le palais el-Badi. Les Alaouites arrivèrent au pouvoir en 1666. Le roi Mohammed VI est leur vingt-troisième souverain.

Zeitoun Café

MAROCAIN **€€**

8 PLAN P. 98, A2

Le Zeitoun se distingue par l'originalité de ses tajines : *makfoul* (bœuf, amandes grillées, chutney de tomates et d'oignons), de légumes à l'huile d'argan, au poisson avec olives et safran... Le service est parfois un peu lent, mais qu'importe lorsqu'on a réussi à s'installer sur une banquette face à la mosquée de la Casbah ! Menu enfant (50 Dh). (0524444244 ; www.zeitouncafe.com ; 417 Bab Agnaou, rue de la Casbah ; plats 80-150 Dh ; 9h-0h ;)

Restaurant du n°12 de la place des Ferblantiers

MAROCAIN **€**

9 PLAN P. 98, C2

Si les chaises et tables en plastique sur la place évoquent un attrape-touristes, le stand de grillades situé à l'arrière dans une rue parallèle ravit bel et bien les papilles des gens du coin. Le menu grand public est honorable, mais on se régale surtout avec les keftas (boulettes de viande), que l'on commande accompagnées de *khobz* (pain) et *smen* (beurre fermenté). (place des Ferblantiers ; plats 30-70 Dh ; 10h-21h)

Dar Anika

MAROCAIN **€€€**

10 PLAN P. 98, C1

La petite terrasse bordée de palmiers et de bougainvillées se prête ici à un dîner en amoureux. Sa carte comprend un large choix de spécialités marocaines. Laissez-vous tenter par exemple par un *seffa medfouna* sucré-salé (poulet aux vermicelles cuisiné avec des raisins secs, des amandes et de la cannelle). (0524 39 17 51 ; www.riaddaranika.com ; 112 riad Zitoun el-Kedim ; plats 15-22 € ; 18h30-22h30 mar-dim)

La Table al Badia

MAROCAIN **€€€**

11 PLAN P. 98, D2

Ce riad géré par un Français est un excellent choix. Aux fourneaux, Samira revisite les spécialités marocaines à partir de produits du marché. Tout est délicieux et très frais. Réservation essentielle – demandez une table sur le toit-terrasse. Si vous êtes végétarien ou souffrez d'allergie, précisez-le au préalable. (0524390110 ; www.riadalbadia.com ; Riad al-Badia,

Le mellah

La communauté hébraïque de Marrakech était autrefois très nombreuse. La plupart des familles juives ont émigré dans les années 1960. Le quartier du *mellah* vaut le détour pour ses allées très étroites bordées de hauts bâtiments en brique ornés de balcons en fer forgé. Au coucher du soleil, les habitants se retrouvent sur la place des Ferblantiers. Installez-vous au restaurant du n°12 (page ci-contre) pour observer l'animation en vous régalant d'un sandwich aux keftas.

135 derb ahl Souss ; dîner 3 plats 330 Dh ; à partir de 19h ;)

Prendre un verre

Kosybar

BAR

12 PLAN P. 98, C2

La décoration mêle différents styles dans ce bar tout en recoins. Grimpez sur le toit-terrasse pour profiter des canapés en sirotant une bière – en compagnie des cigognes qui nichent non loin. En cas de faim, préférez les en-cas aux plats coûteux. Musique live à partir de 22h du jeudi au dimanche. (0524 38 03 24 ; www.kosybar.ma ; 47 place des Ferblantiers ; 11h-1h ;)

Musiques marocaines

La musique traditionnelle marocaine comprend trois grandes catégories, dont s'inspirent souvent les musiciens contemporains.

Les musiciens itinérants font vibrer la place Jemaa-el-Fna (p. 34) à la tombée du jour. Si vous êtes dans la casbah en soirée, passez au Cafe Clock (p. 102) pour un concert plus intimiste avec des artistes du coin (quatre soirs par semaine). Le samedi soir est réservé aux groupes amazighs (berbères) ; des musiciens gnawas jouent le dimanche.

Inspiration amazighe

La musique amazighe est la plus ancienne du Maroc. Elle se décline en une grande variété de styles propres aux différentes ethnies berbères et se caractérise généralement par des chants psalmodiés sur un rythme simple.

Musique gnawa

Très rythmée et invitant à la danse, la musique gnawa est née parmi les esclaves, qui la pratiquaient comme un rituel pour se libérer de l'esclavage et obtenir les faveurs de Dieu. Son rythme et ses sonorités sont censés amener les musiciens à entrer en transe. La *lila* désigne une cérémonie spirituelle qui peut durer toute la nuit, au cours de laquelle danseurs, musiciens et chanteurs virevoltent et entrent tour à tour en transe.

Musique arabo-andalouse

Cette musique, dont l'origine exacte reste floue, combine des accords de flamenco, les accents dramatiques de la musique populaire espagnole, les sons subtils des instruments à cordes, les rythmes complexes des percussions et les demi-tons ensorcelants de la musique classique arabe.

Musiques actuelles

À l'instar du reste du monde arabe, les Marocains écoutent beaucoup de musique égyptienne. Mais il existe aussi des groupes de pop, de rock, de hip-hop (*hibhub*) et de techno dans le pays. Ils s'inspirent largement de la scène internationale ; la plupart intègrent aussi des éléments traditionnels gnawas et amazighs à leurs compositions pour créer un style original. À Marrakech, les festivals Oasis et Beat Hotel (p. 51), entre autres, alimentent la scène électro locale.

Kasbah Café

CAFÉ

13 PLAN P. 98, A2

À deux pas des tombeaux saadiens, où sont aussi régulièrement perchées des cigognes, voici une adresse idéale pour une pause en savourant un jus de fruits frais, un milk-shake ou un thé à la menthe. Pour voir le soleil se coucher sur le *mellah*, venez entre 18h30 et 19h. Également : possibilité de commander une pizza géante. (0524 38 26 25 ; www.kasbahcafemarrakech.com ; 47 Boutouil ; 9h-23h lun-ven, 9h-0h sam-dim ;)

Les Jardins de la Médina

BAR

Palmiers et doux chant des fontaines : on est bien dans ce bar d'hôtel au cœur de la casbah, datant des années 1920 (voir 6 plan p. 98, B4). Une clientèle plutôt chic vient y prendre l'apéritif, bien souvent bercé par des musiciens. À l'intérieur, ambiance Art déco un brin ténébreuse, pour les soirées plus fraîches. (0524381851 ; www.lesjardinsdelamedina.com ; 21 derb Chtouka ; 10h-0h ;)

DOUG MCKINLAY/LONELY PLANET ©

Le Kosybar (p. 103)

Shopping

Atelier El Bahia

ARTISANAT

14 PLAN P. 98, C1

Accueil très honnête et tissus locaux de qualité : l'atelier familial El Bahia est un excellent choix, avec des prix fixes, un service sur-mesure et un bon service. Repérez les artisans devant leurs métiers à tisser et n'hésitez pas à entrer pour vous renseigner. (0524385286 ; rue Bab Mellah ; 8h-19h sam-jeu)

Explorer

Bab Doukkala et Riad Laârous

Bienvenue dans les quartiers tranquilles de la médina, où le nombre d'habitants dépasse celui des touristes et où les lieux à voir ne sont pas légion. C'est d'ailleurs là que réside tout le charme de Riad Laârous et de Bab Doukkala. Ce dernier, qui porte le nom d'une tribu venue autrefois faire du commerce, dévoile des facettes authentiques de la vie marrakchie.

Notre sélection

- ***Collection du Riad Kniza (p. 111)***. *Le premier musée de Bab Doukkala, pour découvrir les marteaux à sucre amazighs et les tapis du Haut Atlas.*
- ***En selle (p. 111)***. *Partez à la découverte de la médina à vélo avec l'association Pikala Bikes.*
- ***La Maison Arabe (p. 113)***. *Un restaurant luxueux, véritable institution de la médina, où sont dispensés des cours de cuisine.*
- ***Henna Cafe (p. 115)***. *Ce café convivial, qui finance des projets sociaux et éducatifs, propose aussi des tatouages au henné.*
- ***Mustapha Blaoui (p. 116)***. *Les souvenirs originaux abondent dans cette vaste cache aux trésors.*

Comment s'y rendre et y circuler

Quittez Jemaa-el-Fna par le nord et remontez les rues Fatima Zohra et Dar el-Glaoui.

Bus n°1 au départ de Jeema el-Fna, arrêt place Bab Doukkala.

Accès possible : faites-vous déposer rue Dar el-Glaoui.

Plan du quartier p. 110

Mosquée de Bab Doukkala (p. 109) ROBSON90/SHUTTERSTOCK ©

Promenade à pied

À la découverte de Bab Doukkala

Si vous avez eu votre lot d'aventures dans les souks, offrez-vous un peu de répit dans les rues tranquilles de Bab Doukkala. Le marchandage se fait ici dans un décor de boutiques à l'ancienne, de charrettes chargées de plantes parfumées et d'étals de poisson frais. Ce quartier résidentiel accueillant recèle de surcroît des trésors artistiques insoupçonnés.

La promenade

Départ porte de Bab Doukkala

Arrivée Derb el-Halfaoui

Distance 1 km

Durée 2 heures

❶ La porte de Bab Doukkala

On dit que c'est par cette imposante porte que les caravansérails de la tribu berbère des Doukkala entraient dans la ville au XIIe siècle. Située au nord-est, elle est aujourd'hui murée. L'accès que dessinent les deux arcs outrepassés fut aménagé plus tardivement afin de faciliter la circulation routière.

❷ Le souk

Arpentez le souk animé de Bab Doukkala, où les bouchers suspendent les pièces d'agneau à des crochets, où des fermiers présentent leur production de noix sur des couvertures, et où les acheteuses vérifient d'un œil averti la fraîcheur des sardines et des légumes encore terreux. Partez en direction du sud-est en suivant les étals de grillades jusqu'à la **fontaine publique**, où les habitants se lavent les mains avant de manipuler les produits du souk.

❸ Les pâtissières à l'œuvre

Au sud de la fontaine, repérez les bidons métalliques servant de fours aux pâtissières qui préparent de leurs mains habiles une *warka* (pâte filo) d'une extrême finesse. Elle servira à la confection de pastillas fourrées au pigeon ou au poulet, puis agrémentées de sucre et de cannelle.

Observez leurs mouvements circulaires méticuleux sur les plaques brûlantes.

❹ Autour de la mosquée

Juste à côté d'une petite place, le minaret de la mosquée de Bab Doukkala domine les palmiers. La place bruisse d'activité ; des livreurs en charrettes tirées par des chevaux viennent s'y reposer un moment à l'ombre.

❺ La fontaine de Bab Doukkala

Si on ne peut plus l'approcher de très près, on peut admirer son linteau ouvragé : frayez-vous un chemin entre les ateliers de fabricants de meubles, le long de la face nord de la mosquée, pour rejoindre cette fontaine. Le hammam du quartier et le bâtiment voisin (transformé en centre culturel) étaient autrefois alimentés par ses eaux.

❻ Pause au Henna Cafe

Arrêtez-vous au sympathique Henna Cafe (p. 115). Les cours dispensés dans les salles au rez-de-chaussée sont financés par les ventes sur place.

❼ Street art

De tous les *derbs* (ruelles) de Bab Doukkala, le derb el-Halfaoui est sans conteste le plus intéressant. Tout de suite à droite, jetez un coup d'œil à la boulangerie du quartier, avec son four à bois et ses sacs gonflés de miches. Un peu plus loin, la rue se transforme en une galerie de *street art* amateur, entre dunes du Sahara et scènes de la casbah.

Nos adresses
Découvrir p. 111
Se restaurer p. 114
Prendre un verre p. 116
Shopping p. 116
A
B
C
D
E
F
1
2
3
4
Bab Doukkala
10
Rue Bab Doukkala
2 Collection du Riad Kniza
Rue el-Giza
1 Pikala Bikes
16
Rue Riad Laârous
RIAD LAÂROUS
11
Rue Bab Taghzout
Musée du Parfum 3
Fontaine Chrob ou Chouf 4
Derb Tizeguarine
Rue Amestah
Rue Souk el-Fassi
Médersa Ali Ben Youssef
Place Ben Youssef
DAR EL-BACHA
Rue Dar el-Bacha
Rue Riad el-l Arous
Rue Mouassine
Souk Kchachbia
SOUKS CENTRAUX
Souk Lebbadine
Mosquée de Mouassine
Rue Sidi el-Yamani
Rue Fatima Zohra
Arset Aouzal
14
15
9
12
13
Mosquée de Bab Doukkala
BAB DOUKKALA
Derb Zaouia
6 La Maison Arabe
7 Heritage Spa
8 Hammam Bab Doukkala
Derb Arset Aouzal
Rue Dar el-Glaoui
Derb Assehbe
Rue Boutouil
Rue el-l Adala
Rue Jebel Lakhdar
5 Marrakech Yoga Studio
Hôtel de ville
0
200 m

Découvrir

Pikala Bikes

CIRCUITS À VÉLO

1 PLAN P. 110, D2

Cette ONG néerlandaise s'est donné pour mission de faire passer les jeunes Marrakchis du deux-roues motorisé au bon vieux vélo. Des circuits à vélo en groupe partent presque tous les jours à 9h30 de l'atelier de Riad Laârous ; riches en informations culturelles, ils sont ponctués d'une pause thé. Les recettes financent la formation de jeunes hommes et femmes du quartier qui se destinent à devenir réparateurs (de vélos) ou guides. (0612860739 ; www.pikalabikes.com ; Riad Laârous ; circuit 2 heures 30 250 Dh, location 80 Dh/ 24 heures)

Collection du Riad Kniza

MUSÉE

2 PLAN P. 110, A2

Le projet de cette institution privée a été porté par Mohamed Bouskri, ancien propriétaire du magasin familial d'antiquités Al Badii à Guéliz. Lorsque celui-ci ferma définitivement, il fut décidé d'exposer les nombreuses pièces restantes. C'est chose faite dans ce joli petit hôtel-musée, où les cultures rurale et urbaine sont dissociées, et où l'on peut admirer des tapis du Haut Atlas, des bijoux tribaux, des céramiques de Fès datant du XVIIe siècle et une belle collection de marteaux à sucre amazighs. (0524 37 69 42 ; www.riadkniza.com ; 34 derb L'Hotel ; gratuit ; 12h-15h et 19h-0h)

Vélos de Pikala Bikes

Naissance d'une ville

La dynastie des Almoravides fut fondée par des tribus berbères du groupe des Sanhadja au XIe siècle. Ces moines guerriers conquirent tout le sud du Maroc, balayant les ennemis venus du nord. Ils dressèrent leur campement sur une étendue désertique qui allait devenir Marrakech. Leur chef, Youssef ibn Tachfin, et son épouse, Zeinab, décelèrent le potentiel de ce territoire et firent ériger des remparts autour du site en 1062. Ces premiers occupants y creusèrent les *khettaras* (galeries formant un système d'irrigation souterrain) et firent sortir de terre des édifices en briques d'argile rose. À presque 80 ans, Youssef ibn Tachfin sortit vainqueur de diverses offensives en terre étrangère et l'Andalousie tomba entre les mains des Almoravides. Le simple campement devint le centre opérationnel d'un empire qui s'étendit bientôt jusqu'aux portes de Barcelone.

Musée du Parfum

MUSÉE

3 PLAN P. 110, F1

Le musée de l'Art de vivre, qui a changé de nom, présente le goût du Maroc pour les huiles essentielles. On y détaille par exemple les rituels du hammam, les bienfaits cosmétiques des huiles d'argan et de figue de Barbarie, et la place de l'aromathérapie, des plantes et des épices dans la culture marocaine. Vous pourrez créer votre propre parfum au cours d'un atelier (400-600 Dh). La cour ombragée est agréable pour prendre un thé. (derb Chérif ; tarif plein/enfant 50 Dh/gratuit ; 9h-17h30)

Fontaine Chrob ou Chouf

FONTAINE

4 PLAN P. 110, F2

Cette fontaine, qui invite le passant à boire et admirer (c'est la signification de son nom), a conservé des traces de sa splendeur passée avec son linteau en cèdre délicatement sculpté. Elle fonctionne toujours ; des piétons viennent s'y désaltérer, pendant que d'autres l'admirent. (rue Assouel)

Marrakech Yoga Studio

YOGA

5 PLAN P. 110, C4

Voici un studio de yoga bercé par la brise, à l'entrée de la médina et en libre accès. Philippe et Stéphanie, du **Riad Magellan** (0661082042 ; www.riadmagellan.com ; 62 derb el-Hammam), ont converti leur maison en un espace de yoga contemporain, doublé d'un café végan (p. 115). Avec une cour carrelée, un salon climatisé et un toit en terre cuite, il est possible de pratiquer en toute saison ; il y a un vestiaire et une petite boutique sur place.

Foi et tradition islamique

Les minarets dressés vers le ciel, les mosaïques étincelantes, les arabesques des calligraphies, l'appel psalmodié du muezzin : nombre d'éléments qui fascinent les visiteurs à Marrakech doivent leur existence à la foi islamique.

L'islam repose sur cinq piliers : *shahada*, l'affirmation de la foi en Dieu et en Mahomet son prophète ; *salat*, ou prière, renouvelée si possible cinq fois par jour ; *zakat* (aumône), l'obligation morale de donner aux nécessiteux ; *saoum*, le jeûne du mois de ramadan ; et *hadj*, le pèlerinage à La Mecque, point culminant de la vie d'un musulman pratiquant.

Les voyageurs férus d'histoire islamique sont déçus de ne pouvoir entrer dans les lieux de culte musulmans de Marrakech ; c'est le maréchal Lyautey, sous le protectorat français, qui décida d'interdire l'accès des mosquées aux non-musulmans pour éviter les conflits. Chacun peut toutefois contempler la beauté de la médersa Ali Ben Youssef (p. 85) et s'émerveiller devant le minbar d'origine de la Koutoubia, aujourd'hui conservé au palais el-Badi (p. 99).

Stéphanie enseigne le yoga vinyasa ; le studio accueille aussi des professeurs de passage et propose des cours de hatha yoga – ainsi que des ateliers de calligraphie et parfois de cuisine. La demi-journée "bien-être" (un cours de yoga, un déjeuner sain et une heure de massage à 85 €) rencontre un vif succès. (0661082041 ; www.marrakechyogastudio.com ; 37 derb Raouia, Dar Anis ; cours de yoga 200 Dh ; sur réservation)

La Maison Arabe COURS DE CUISINE

6 PLAN P. 110, B3

Le légendaire restaurant (p. 114) de Bab Doukkala a son école de cuisine. Les ateliers prolongés, avec démonstrations sur écrans, sont un brin impersonnels, mais c'est l'un des rares lieux de Marrakech où il est possible de suivre, avec profit, un cours d'une heure (pour qui manque de temps). Au programme : préparation d'un plat et échanges avec le chef-animateur, puis dégustation en groupe. (0524387010 ; www.lamaisonarabe.com ; 1 derb Assehbe ; atelier 1 heure 300 Dh)

Heritage Spa HAMMAM, SPA

7 PLAN P. 110, C3

Dans ce hammam-spa (qui n'a rien d'authentique), abandonnez-vous aux bienfaits d'un gommage détoxifiant au savon noir et à l'orange amère, ou d'un massage à base de plantes chaudes. Il est installé dans un riad traditionnel doté d'alcôves confortables pour les soins. Produits de qualité 100% naturels ; thé à la menthe. (0524 38 43 33 ; www.heritagespamarrakech.com ; 40 derb Arset Aouzal ; hammam et gommage à partir de 290 Dh ; 10h-20h)

Hammam Bab Doukkala

HAMMAM

8 PLAN P. 110, B3

Ce hammam du XVIIe siècle, situé à l'angle sud-est de la mosquée de Bab Doukkala, possède un sol chauffant en tadelakt, un vestiaire en bois de cèdre et une vaste salle chaude surmontée d'une coupole couleur grenat. Une adresse paisible et vraie, où affluent les habitants du quartier, surtout les femmes à partir de 17h. (rue Bab Doukkala ; tarif plein/enfant 12/5 Dh ; femmes 12h-19h, hommes 20h30-0h)

Se restaurer

La Maison Arabe

MAROCAIN **€€€**

Sa réputation n'est plus à faire : ce fut le premier restaurant de la médina à destination des étrangers (voir **6** plan p. 110, B3), dans les années 1940. Winston Churchill y avait ses habitudes et vous comprendrez vite pourquoi. Une belle carte de vins régionaux accompagne les plats internationaux et les recettes marocaines raffinées. (0524 38 70 10 ; www.lamaisonarabe.com ; 1 derb Assehbe ; plats 170-250 Dh ; 19h-23h ;)

La Maison Arabe

DOUG MCKINLAY/LONELY PLANET ©

Henna Cafe

MAROCAIN €

9 PLAN P. 110, C3

Tisanes, jus détox, troc de livres, cours de darija (arabe marocain), agréables échanges : il y a tout ça dans ce café intimiste à l'étage. Laissez-vous dessiner un joli motif sur la main ou le pied par une *nquasha* (tatoueuse professionnelle spécialiste du henné) et régalez-vous d'une salade, de falafels ou de sandwich au *khleer* (viande d'agneau séchée) sur le toit-terrasse couvert. Les ventes permettent d'aider des personnes dans le besoin. (www.hennacafemarrakech.com ; 93 Arset Aouzal ; plats 40 Dh ; 11h-20h ;)

Namaste Café

VÉGAN €€

Unique adresse 100% végane (et bio) de la médina, ce café-restaurant tout simple est installé au sein du Marrakech Yoga Studio (voir 5 plan p. 110, C4). Au menu : une formule du jour (exclusivement), toujours fraîche, locavore, inventive et goûteuse : cake oignon-olive, salade de riz et radis au safran, puis glace à la banane au chocolat et croustillant de beurre de cacahuètes, par exemple. (0661082041 ; www.marrakechyogastudio.com ; 37 derb Raouia, Dar Anis ; formule 150 Dh ; 11h-15h mer-jeu ;)

Poissons d'Océan

POISSON €€

10 PLAN P. 110, A2

Chaque matin, ce poissonnier installé au fond du souk de Bab Doukkala attire une foule bien mise venue acheter du bar, de la dorade et des sardines. Quand arrive le déjeuner, il faut aller au fond de ce qui ressemble à une gargote pour trouver une cantine proprette où l'on se régale de fritures de la mer. L'assiette mixte permet de goûter à tout – crevettes, calamars, sardine et poissons à chair blanche –, avec pain, sauce aux tomates fraîches et harissa. (rue Bab Doukkala ; assiette de friture à partir de 80 Dh ; 12h-22h)

Plaisirs végétariens et végans

Les cartes des restaurants destinés aux touristes laisseraient facilement penser que les Marocains sont des carnivores convaincus, alors même que les légumes composent une bonne partie des repas à la maison et que la viande est réservée aux grandes occasions. Néanmoins, les plats végétariens trouvent de plus en plus leur place à Marrakech. Il existe même quelques bonnes adresses véganes, dont le Namaste Café, ouvert en 2019. Des tajines et couscous végétariens sont souvent proposés et les salades figurant au menu des restaurants peuvent faire office de plat.

Limoni

ITALIEN €€

11 PLAN P. 110, E1

Cour à l'ombre des citronniers, chaises en rotin, jazz en fond musical, céramiques mauresques et boiseries peintes à la main : le mélange des genres va bien à cet établissement un peu éloigné, qui mérite le détour. Pour le décor, mais aussi pour le vin et les excellents plats de pâtes (raviolis à la ricotta avec parmesan, zestes de citron et menthe par exemple). (0524383030 ; 40 rue Bab Taghzout ; plats 90-160 Dh ; 12h-23h ;)

Dar Moha

MAROCAIN €€€

12 PLAN P. 110, C3

Mohamed Fedal (le fameux "Moha") est le chef le plus en vue du Maroc. Son restaurant de la médina est une adresse dont on vante l'excellence d'un air entendu. L'endroit est formel, et les hauts murs bleu clair, la grande piscine et les beaux arbres offrent un cadre de rêve pour les recettes marocaines revisitées. Le menu du soir est un festival de saveurs. (0524 38 64 00 ; www.darmoha.ma ; 81 rue Dar el-Bacha ; déj plats 120-220 Dh, dîner menu 5 plats 530 Dh ; 12h-23h)

La boutique de Mustapha Blaoui

REDA&CO/GETTY IMAGES ©

Prendre un verre

Regue Jamaa

CAFÉ

13 PLAN P. 110, B3

Installez-vous sous un parasol en paille à la terrasse de ce café décontracté et imprégnez-vous de l'animation autour de la mosquée de Bab Doukkala. Longue liste de jus de fruits (pêche, framboise, avocat-amande...), petits-déjeuners gargantuesques et carte sans chichis avec plats marocains, hamburgers et paninis. (0662392390 ; rue Bab Doukkala ; 8h-22h30 ;)

Shopping

Mustapha Blaoui

ARTICLES POUR LA MAISON

14 PLAN P. 110, C3

Fermée jusqu'à nouvel ordre,pour cause de pandémie, au moment de notre passage, cette vaste caverne aux trésors, à laquelle on accède par une simple porte en bois sans enseigne recèle des articles

Tatouages au henné

Les tatouages au henné, teinture naturelle extraite des feuilles de l'arbre du même nom, sont traditionnellement réalisés à l'occasion de fêtes, en particulier lors de l'Aïd al-Adha, la plus importante fête musulmane, et des mariages, lorsque les femmes maquillent la future mariée. Seules les femmes mariées portent du henné sur les pieds.

De nombreux tatoueurs officient sur la place Jemaa-el-Fna (p. 34). Si vous êtes tenté, préférez ceux qui utilisent du henné neutre, de couleur brun-rouge, et non du henné noir, susceptible de contenir des produits chimiques pouvant provoquer des allergies. Les tatoueuses du Henna Cafe (p. 115) et du Marrakech Henna Art Cafe (p. 47) utilisent du henné neutre.

sélectionnés par Mustapha Blaoui. Sous les lanternes marocaines, on passe d'une pièce (surchargée) à l'autre en s'émerveillant devant les coussins, les tapis, les tables, les théières et tout le reste. (0524385240 ; www.facebook.com/blaouimustapha ; 144 Arset Aouzal ; 10h-19h)

V. Barkowski

MODE ET ACCESSOIRES

15 PLAN P. 110, C3

Passionnée par l'artisanat et les savoir-faire traditionnels, la Belge Valérie Barkowski tient cette boutique monochrome qui valorise la simplicité de ses propres créations : serviettes aux teintes neutres et pampilles colorées, cabas en cuir faits main, peignoirs en coton inspirés des djellabas... (0624494001 ; www.valeriebarkowski.com ; 142 Arset Aouzal ; 10h-13h30 et 15h-19h)

Soufiane Zarib

ARTISANAT

16 PLAN P. 110, D2

Soufiane Zarib s'est fait connaître pour ses créations de qualité : il achète sa propre laine et emploie des tisserands pour confectionner les tapis à l'âme marocaine qu'il imagine. Sonnez pour qu'on vous ouvre la porte du vaste showroom, où vous pourrez regarder tous les modèles, et découvrir des pièces en céramique et des meubles, en toute tranquillité. Les prix des tapis vont de 1 000 Dh à 10 000 €.

Également sur place : un café de style contemporain, ombragé, sur le toit-terrasse. (0615285690 ; www.soufiane-zarib.com ; 16 Riad Laârous ; 9h-19h30)

Explorer

Guéliz et la ville nouvelle

Larges avenues à l'européenne, souvenirs de la période Art déco, cafés, bars et restaurants marqués par l'influence française, boutiques branchées : Guéliz est l'opposé de la médina. Cœur de la ville nouvelle, ce quartier situé à l'ouest des remparts est celui où les Français s'établirent à partir de 1912 et en lisière duquel est situé le Jardin Majorelle.

Notre sélection

- ***Jardin Majorelle (p. 120)**. Le célèbre jardin de peintre, à jamais associé à Yves Saint Laurent et Pierre Bergé.*
- ***Musée Yves Saint Laurent (p. 124)**. Un musée d'avant-garde dédié au couturier français.*
- ***Comptoir des Mines Galerie (p. 132)**. Art africain contemporain présenté dans un édifice Art déco.*
- ***Amal Center (p. 134)**. Cuisine familiale au menu dans le joli patio de ce restaurant qui vient en aide à des femmes défavorisées.*
- ***Baromètre Marrakech (p. 137)**. L'art de sublimer les cocktails dans un bar inspiré du temps de la Prohibition.*

Comment s'y rendre et circuler

La course entre la place Jemaa-el-Fna et le centre de Guéliz ne devrait pas excéder 20 Dh (négociez !) .

Comptez 20 minutes de marche de la place Jemaa-el-Fna à Guéliz, par l'avenue Mohammed V.

Bus n° 1 va depuis la place de Foucauld, près de la place Jemaa-el-Fna.

Plan du quartier p. 130

Vue de Guéliz LAURIE NOBLE/GETTY IMAGES ©

Les incontournables

Jardin Majorelle

Le plus célèbre jardin de Marrakech ne ressemble à aucun autre. C'est une œuvre d'artiste, créée dans les années 1920 et 1930 par Jacques Majorelle qui y fit planter d'innombrables essences exotiques, édifier sa maison puis son atelier. Son rachat par Yves Saint Laurent et Pierre Bergé en 1980 a renforcé sa renommée. Avec 900 000 visiteurs par an, ce n'est plus l'oasis qu'il a été, mais c'est un lieu d'une grande élégance.

PLAN P. 130, E1

0524 31 30 47

www.jardinmajorelle.com

Rue Yves Saint Laurent

Tarif plein/enfant 70 Dh/gratuit, avec Musée berbère 100 Dh, avec Musée YSL 220 Dh

9h-18h tlj (9h-17h en période de ramadan), dernier accès à 17h30.

Bou Saf Saf, Villa Oasis et atelier

Tombé amoureux du Maroc, le peintre orientaliste lorrain Jacques Majorelle (1886-1962) décida, en 1923, de s'établir à Marrakech où il acheta un terrain de 1,6 ha en bordure de la médina. Séduit par les arbres aux allures de peupliers qui y poussaient, il baptisa sa propriété Bou Saf Saf ("père des peupliers" en arabe) et s'y fit construire une imposante villa de style arabisant, avec une tour en adobe. En 1931, après avoir agrandi son terrain à près de 4 ha, Majorelle s'y fit édifier par l'architecte français Paul Sinoir un atelier dans le style Art déco-cubiste de l'époque.

Cet atelier abrite aujourd'hui le Musée berbère. La maison principale de Jacques Majorelle, où habitèrent par la suite Yves Saint Laurent et Pierre Bergé, fut rebaptisée par ces derniers Villa Oasis.

Une profusion de plantes et de couleurs

Féru de botanique, Jacques Majorelle ne cessa d'enrichir son jardin d'innombrables plantes rares et d'arbres exotiques, achetés sur catalogue, échangés avec des collectionneurs ou rapportés de ses voyages. Il ajouta partout de la couleur : bleu dur, rouge intense, jaune citron, sur les murs, les vasques, les pots de fleurs, le canal... Sa passion pour son jardin dont il rêvait "qu'il fasse crever d'envie les anges du Paradis" finira par lui coûter très cher. Ouvert pour la première fois aux touristes dans les années 1930, découpé pour cause de divorce, ce jardin enchanteur resta à l'abandon après la mort du peintre... jusqu'à ce qu'Yves Saint Laurent et Pierre Bergé le rachètent en 1980 pour le sauver d'un projet immobilier et lui redonner vie. S'étendant aujourd'hui sur 9 000 m^2, ce jardin abrite plus de 300 espèces de plantes originaires des quatre coins du monde.

★ À savoir

- En haute saison, attendez-vous à faire 15 minutes à 1 heure de queue. Arrivez de préférence pour 8h.
- Il existe un billet combiné avec le Musée berbère et le musée Yves Saint Laurent (voir p. 124).
- Planifiez votre visite un jour où le jardin de la Villa Oasis est ouvert (lundi-vendredi).
- Ne manquez pas le Musée berbère (30 Dh).
- Il est (bien sûr) interdit de graver les végétaux. Cela endommage les plantes et dénature l'environnement.
- Les taxis aux abords du jardin tendent à exagérer leurs tarifs ; éloignez-vous un peu pour en héler un dans la grande rue.

Une petite pause ?

- Dans le jardin, le Café Majorelle, installé dans l'ancienne maison des domestiques, offre un cadre verdoyant pour un thé ou un gâteau.

Son labyrinthe d'allées, sa profusion de plantes, ses jeux de couleurs vives en font un lieu merveilleux à explorer. Des panneaux illustrés permettent d'identifier agaves mexicains, palmiers de Chine, palmiers-dattiers d'Afrique du Nord ou autres, sous leur nom savant.

Musée berbère

L'atelier bleu électrique de Majorelle accueille à présent le Musée berbère. Il propose un panorama de la culture amazighe (berbère) avec plus de 600 objets, tels que des pièces artisanales en bois et en métal, des tissus et une collection de costumes traditionnels disposée avec l'élégance d'un défilé de mode. Vous admirerez les bijoux ciselés, travaillés en filigrane ou émaillés, exposés dans la salle aux miroirs scintillants.

Jardin de la Villa Oasis

Située en bordure du Jardin Majorelle, la Villa Oasis possède un jardin encore plus somptueux, ouvert au public pour la première fois en 2018 et auquel on accède par un chemin noyé sous les bougainvillées.

La villa elle-même, plus imposante et d'un style plus arabisant que l'atelier, présente un mélange de terre cuite ocre typique de Marrakech, de bleu de Majorelle de vert associé à l'islam, avec un toit pyramidal en tuiles vernissées. Les bambous du jardin principal cèdent ici place à des plantes succulentes géantes, à des cactées et à de

Villa Oasis

Jacques Majorelle

Fils de l'ébéniste Louis Majorelle, l'un des chefs de file de l'école de Nancy, Jacques Majorelle (1886-1962) grandit au sein de cette mouvance de l'Art nouveau qui contribua à sa passion pour la faune et la flore. Devenu peintre, il commença à voyager pour découvrir le monde. Lors de son premier séjour au Maroc en 1917, il fut subjugué par les couleurs et la vie des rues de Marrakech – qui allaient, un demi-siècle plus tard, fasciner Yves Saint Laurent à son tour.

Majorelle reste surtout connu pour ses peintures de l'Afrique du Nord, et en particulier du Maroc (on lui doit certaines affiches de voyage des années 1920 dont les reproductions sont vendues dans la médina). Son nom reste aussi associé à ce bleu dur et lumineux avec lequel il a peint les bâtiments du Jardin Majorelle, une couleur conçue par le peintre lui-même et inspirée par l'intensité des ciels marocains, la nuance de bleu des carreaux traditionnels et les chèches bleus des Touaregs du Sud-Sahara. Ce bleu outremer teinté d'une pointe de violet est aujourd'hui connu sous le nom de "bleu Majorelle".

majestueux palmiers. Des plans d'eau couverts de nénuphars apportent calme et fraîcheur au jardin. Ils sont peuplés de carpes koi et de bruyantes grenouilles ; le plus grand entoure un pavillon à colonnes blanches.

L'ouverture de ce jardin a augmenté considérablement l'espace accessible aux touristes ; au moment de la rédaction de ce guide, on ne pouvait le visiter que du vendredi au lundi (10h-16h).

Mémorial à Yves Saint Laurent

Sur un socle de pierre rouge, se dresse une colonne romaine, ramenée de Tanger par Yves Saint Laurent et Pierre Bergé. Cette stèle à la mémoire du couturier, mort en 2008, trône au fond du Jardin Majorelle, à l'opposé de l'entrée/sortie. Après son décès en 2017, le nom de Pierre Bergé y a été rajouté.

Les incontournables

Musée Yves Saint Laurent

L'histoire d'amour d'Yves Saint Laurent (1936-2008) avec Marrakech commence en 1966. Dès son premier séjour, c'est le coup de foudre : il achète avec Pierre Bergé une petite maison dans la médina. Né en Algérie, le couturier français restera fasciné par le sens artistique et les couleurs du Maroc. Ce musée ouvert en 2017 rend hommage à son œuvre et dévoile l'inspiration qu'il a tirée de ce pays d'adoption.

PLAN P. 130, D1

0524298686

www.museeyslmarrakech.com/fr/

Rue Yves Saint Laurent

100 Dh

10h-18h jeu-mar

Conception architecturale

Dessiné par le Studio KO, un cabinet d'architectes français, le bâtiment joue sur les formes cubiques et les courbes, avec une base en pierre et marbre marocains surmontée d'un habillage de dentelles de briques, dont les motifs rappellent la trame des tissus. L'intérieur, totalement différent, évoque la doublure d'une veste par son fini lisse, velouté et lumineux. C'est indubitablement le plus bel exemple d'architecture contemporaine de Marrakech.

Le musée imaginé par Pierre Bergé (1930-2017) a pour vocation d'assurer la conservation et le rayonnement de l'œuvre d'Yves Saint Laurent, tout en étant “profondément ancré” dans son contexte marocain – le couturier a dessiné une grande partie de ses collections au Maroc. Le bâtiment est dépourvu de fenêtres ouvertes vers l'extérieur, à la façon des riads traditionnels marrakchis. La brique fait écho à la couleur ocre de la ville.

Patios

Comme dans les maisons traditionnelles de la médina, les patios intérieurs sont une composante essentielle de l'architecture du musée. Le premier, qui forme un espace circulaire entre l'entrée et les espaces d'exposition, est serti de vitraux en référence à l'œuvre d'Henri Matisse qui influença beaucoup la création d'Yves Saint Laurent. Le deuxième, au cœur du bâtiment, est un patio carré couvert de zelliges verts et surmonté d'un disque géant qui retient la pluie. L'utilisation du vert renvoie ici à la culture amazighe et à l'islam – c'est un symbole de vie et de prospérité.

Salle Yves Saint Laurent

Cœur du musée, cet espace dévolu à l'exposition permanente présente dans un écrin noir les grands thèmes d'inspiration d'Yves Saint Laurent (le masculin-féminin, le noir, l'Afrique et le Maroc,

★ À savoir

• Le Jardin Majorelle jouxte le musée ; prévoyez de visiter les deux le même jour.

• Pour éviter la queue au Mardin Majorelle, achetez un billet combiné avec le Musée berbère et le musée Yves Saint Laurent à la billetterie de ce dernier (où vous devrez alors commencer la visite).

• Lors de nos recherches, les billets pouvaient s'acheter en ligne.

Une petite pause ?

• Au sein du musée, **Le Studio** est une cantine haut de gamme et baignée de lumière, où des stylistes s'attardent autour de plats traditionnels marocains ou français.

• Plus loin dans la rue du musée, le confortable Pause Gourmande (p. 136) a une saveur plus locale.

YSL

L'Afrique pour muse

La beauté du Maroc, avec ses couleurs pures et ses formes brutes, a été une source d'inspiration déterminante pour Yves Saint Laurent. Émerveillé par les jardins, l'exubérance de la nature et les caftans aux couleurs vives des femmes de la médina, il venait deux fois par an à Marrakech pour dessiner ses collections. Les ciels bleus intenses, l'architecture de terre, les dunes ondulantes des déserts, les motifs amazighs, les djellabas, les burnous, tout a nourri son inspiration.

les voyages imaginaires, les jardins, l'art) à travers une cinquantaine de ses modèles haute couture renouvelés par rotation ; des croquis, des photos, des projections de films de ses défilés, des extraits sonores et de la musique invitent le visiteur à s'immerger dans l'univers du couturier.

Sur le mur à droite en entrant figure une biographie d'Yves Saint Laurent construite à partir d'objets personnels, dont une lettre qu'il adressa en 1954 (il avait 17 ans) à Michel de Brunhoff, alors rédacteur en chef de l'édition française de *Vogue*.

La salle voisine, plus petite, accueille de belles expositions temporaires qui changent deux ou trois fois par an.

Auditorium Pierre Bergé

Yves Saint Laurent a toujours entretenu un lien fort avec la scène et l'écran. Aussi, le musée abrite un auditorium (150 places) qui accueille un programme varié (consultable sur le site Web du musée) de films qu'il a aimés, de retransmissions d'opéras ou de pièces de théâtre, de concerts, etc. Une technologie pointue assure une grande qualité de son et d'image. Dans le Foyer sont exposés des croquis de costumes dessinés par Yves Saint Laurent pour le théâtre, le ballet, le music-hall et le cinéma : à ne pas manquer !

Bibliothèque

La bibliothèque (accès sur rendez-vous) possède un fonds de 5 000 ouvrages consacrés à la botanique, à la mode et aux cultures amazighe et arabo-andalouse. Une grande partie du fonds provient de la collection personnelle d'Yves Saint Laurent et de Pierre Bergé.

Balade dans le Guéliz de l'Art déco et des galeries d'art

Quand le Maroc devint un protectorat français, en 1912, la ville nouvelle fut développée à l'extérieur des remparts de la médina. Dans les décennies qui suivirent, l'architecture fut fortement influencée par l'Art déco. Partez à la découverte des vestiges de l'ère française, des bâtiments reconvertis et de la scène artistique actuelle très vivante du quartier.

La promenade

Départ Hôtel du Pacha

Arrivée Grand Café de la Poste

Distance 1,5 km

Durée 3-4 heures

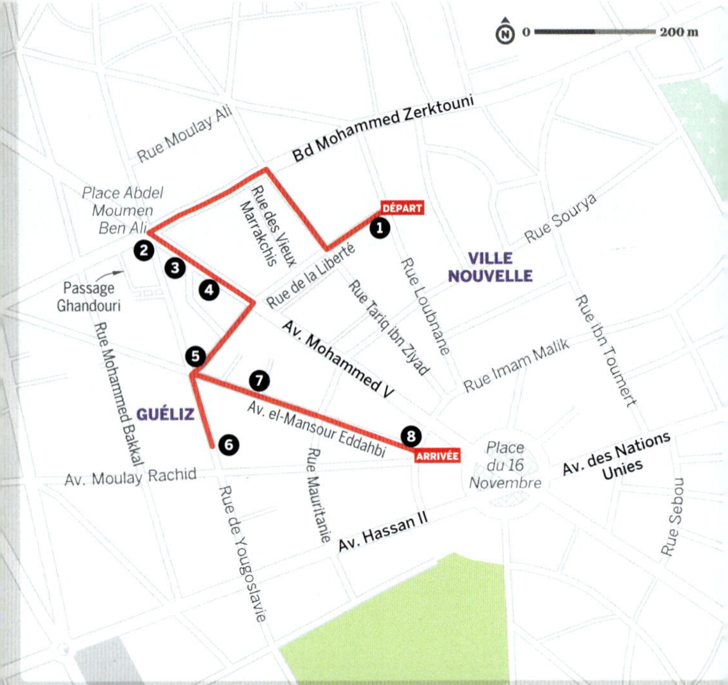

❶ Le temps arrêté

Ouvert en 1929, l'Hôtel du Pacha est l'un des plus anciens hôtels de l'ère française encore en activité à Guéliz. Son nom ferait référence à Thami el-Glaoui, seigneur de l'Atlas qui fut pacha de Marrakech de 1912 à 1956, et participa à la pacification du Maroc pour le compte du protectorat français (voir p. 63).

❷ Cafés de Guéliz

La place Abdel Moumen Ben Ali, entourée de bâtiments Art déco, était autrefois connue sous le nom de "carrefour des 3 cafés". Le Café Atlas (p. 139), qui date des années 1940, est situé au pied d'un immeuble à la façade en forme de poupe de paquebot. Les anciens s'y retrouvent pour siroter leur café.

❸ Trompe-l'œil

Au 1er étage de l'hôtel Nassim (115 av. Mohammed V ; 11h30-1h ;), le **Pub Chesterfield** semble dater des années 1930 avec ses panneaux en noyer et ses éléments cubistes. L'hôtel, construit dans les années 1990, a été conçu pour se fondre dans le quartier.

❹ L'Afrique dans l'objectif

Un escalier, qui a eu ses grandes heures, mène à un appartement Art déco reconverti en espace artistique industriel chic : la **Galerie 127** (www.galerie127.com ; 2e ét., 127 av. Mohammed V ; 15h-19h jeu-sam) où sont exposées principalement des photographies contemporaines, inspirées par l'Afrique.

❺ Voyage dans l'art africain

Le Comptoir des Mines Galerie (p. 132) offre un superbe exemple de reconversion, avec un bâtiment Art déco construit en 1932 pour une entreprise minière, transformé en un lieu dévolu à l'art contemporain. Il s'agit d'une excellente galerie d'art privée, qui promeut des talents de tout le continent africain.

❻ Vestiges coloniaux

À l'opposé, en diagonale du Comptoir des Mines Galerie, remarquez les ruines de l'hôtel Koutoubia (au night-club jadis légendaire) avant de suivre la rue de Yougoslavie pour voir le Ciné-Palace, un charmant cinéma Art déco ouvert en 1926. Aujourd'hui à l'abandon, il est convoité par des promoteurs.

❼ Sauvée par le design

Les villas Art déco de Guéliz sont progressivement démolies pour faire place à des constructions de plus grande envergure. Le Some Slow Concept Store (p. 140) se distingue en proposant de l'artisanat design marocain dans une villa des années 1930.

❽ Un café mythique

Ouvert en 1925, le Grand Café de la Poste (p. 137), attenant à la poste principale de Guéliz, fut très fréquenté par les hommes politiques et employés de bureaux français. Aujourd'hui, c'est l'un des repaires favoris des expatriés.

Nos adresses
Les incontournables p. 120
Découvrir p. 132
Se restaurer p. 134
Prendre un verre p. 137
Shopping p. 140
0
400 m
A
B
C
D
E
F
1
2
3
4
Musée Yves Saint Laurent
Jardin Majorelle
The Moroccans
Av. Moulay Abdullah
Bd Allal el-l Fassi
Av. du 11 Janvier
Av. Yacoub el-Mansour
Rue Abdelouahab Derraq
Impasse du Moulin
Rue ibn Sina
Rue ibn Aicha
Rue de Yougoslavie
Rue Moulay Ali
Bd Mohammed Zerktouni
Office National Marocain du Tourisme
Place Abdel Moumen Ben Ali
Macma
Comptoir des Mines
Rue des Vieux Marrakchis
Rue de la Liberté
Av. el-Mansour Eddahbi
Av. Mohammed V
GUÉLIZ
Rue Loubnane
Rue Tariq ibn Ziyad
VILLE NOUVELLE
Rue Sourya
Rue Imam Malik
Rue ibn Toumert
Rue Khalid Ben el-Oualid
Av. des Nations Unies
Gare Routière
Bab Doukkala
Rue el-Giza
Rue Boutouil
1
2
5
6
7
8
9
9
11
12
13
14
16
17
18
19
21
22
23
24
25

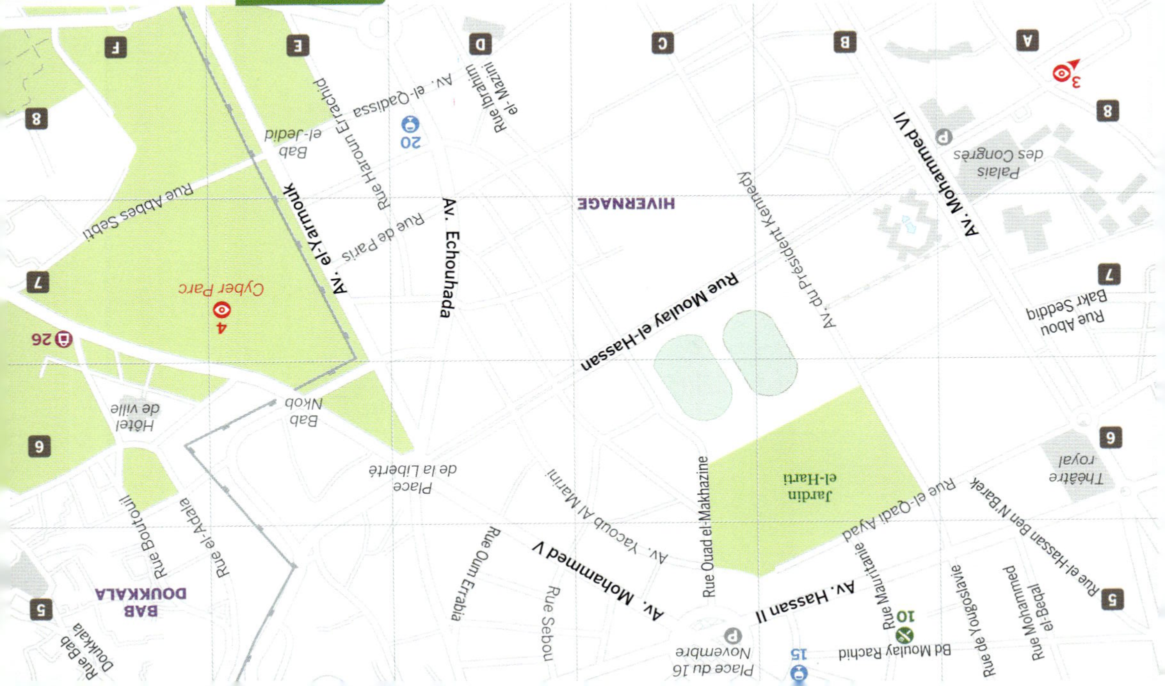
Rue Bab Doukkala
BAB DOUKKALA
Rue Boutouil
Rue el-Adala
Hôtel de ville
26
Bab Nkob
4 Cyber Parc
Rue Abbes Sebti
Av. el-Yarmouk
Bab el-Jedid
Rue Haroun Errachid
Rue de Paris
20
Av. el-Qadissa
Av. Echouhada
Place de la Liberté
Rue Oum Errabia
Rue Sebou
Av. Mohammed V
Av. Yacoub Al Marini
Rue Ibrahim el-Mazini
HIVERNAGE
Rue Moulay el-Hassan
Place du 16 Novembre
Rue Ouad el-Makhazine
Av. Hassan II
15
Jardin el-Harti
Av. du Président Kennedy
Bd Moulay Rachid
10
Rue Mauritanie
Rue el-Qadi Ayad
Rue de Yougoslavie
Rue Mohammed el-Beqal
Rue el-Hassan Ben N'Barek
Théâtre royal
Rue Abou Bakr Seddiq
Av. Mohammed VI
Palais des Congrès
3
A
B
C
D
E
F
5
6
7
8

Découvrir

Comptoir des Mines Galerie

GALERIE

1 PLAN P. 130, A4

Construit en 1932 pour la compagnie minière Comptoir des Mines, ce bâtiment abrite désormais le dernier projet de Hicham Daoudi, fondateur de la Marrakech Art Fair : une galerie d'art contemporain. Restauré dans sa splendeur Art déco, le cadre mérite déjà la visite pour son grand escalier, son sol en terrazzo, ses appliques murales en forme de cristal et son mobilier. Des expositions tournantes, sur trois niveaux, présentent des artistes reconnus ou émergents du Maroc et du reste de l'Afrique. Un espace est consacré à Hassan Hajjaj, surnommé le Andy Warhol de Marrakech. (0663 01 01 91 ; www.comptoirdesminesgalerie.com ; 62 rue de Yougoslavie ; gratuit ; 10h-13h et 15h-19h mar-sam)

MACMA

MUSÉE

2 PLAN P. 130, A4

Musée privé au design épuré, le MACMA a transféré en 2019 sa collection de peintures au Musée orientaliste de Marrakech (p. 83) pour se recentrer sur la photographie. Joliment mise en scène au milieu de beaux objets d'artisanat, l'exposition permanente présente 100 ans d'histoire de la photographie au Maroc (1870-1970). Ces images, saisies surtout par des photographes européens, offrent

Jardins de la Menara

Les années du protectorat

Entre 1912 et 1956, le Maroc connut quarante-quatre années d'administration française, marquées par le développement des infrastructures et la modernisation d'un côté ; et par la mainmise sur les richesses et l'assimilation culturelle de l'autre. La colonisation a encouragé l'émergence du nationalisme marocain.

L'année 1947 marqua un tournant. À la suite de la répression de manifestations politiques, l'indépendance fut ouvertement soutenue par le futur Mohammed V dans un discours prononcé à Tanger. La situation, dès lors, se durcit. Mohammed V fut exilé, ce qui eut pour effet d'exacerber le sentiment d'injustice et le désir d'indépendance. Deux ans plus tard, la France, voyant poindre à l'horizon le bourbier algérien, accepta de poser les bases de l'accord qui devait mener à l'indépendance et au retour triomphal de Mohammed V, en 1956.

un passionnant aperçu de la vie marocaine, avec des portraits de seigneurs du Haut Atlas, des femmes du nord du Rif, des artisans des villes... Commentaires en français. (Macma, musée d'Art et de Culture de Marrakech ; ☎ 0524 44 83 26 ; museemacma.com ; 61 passage Ghandouri, rue de Yougoslavie ; tarif plein/- de 12 ans 70 Dh/gratuit ; 🕙 10h-19h lun-sam)

Jardins de la Menara JARDINS

3 ◉ PLAN P. 130, A8

Oasis de verdure sur fond de montagnes de l'Atlas, ces vastes jardins royaux plantés d'oliviers entourent un grand réservoir d'eau destiné à l'irrigation, dans lequel se mire un pavillon de style saadien. La tradition raconte que les sultans y recevaient leurs belles et qu'après les avoir séduites, l'un d'eux noyait ses conquêtes dans le bassin. Aujourd'hui plus paisible, l'ambiance fait part belle aux couples et aux pique-niques en famille ! Notez que grimper dans le petit pavillon ne justifie pas le prix demandé et que les taxis, depuis la médina, tenteront d'appliquer un tarif exorbitant alors que la course ne devrait pas dépasser 20 Dh. (av. de la Menara, Hivernage ; jardin gratuit, pavillon tarif plein/- de 12 ans 70/30 Dh ; 🕙 8h-17h)

Cyber Parc PARC

4 ◉ PLAN P. 130, E7

Ce parc royal, qui date du XVIIIe siècle, embaume la rose. Toutefois, il doit surtout sa fréquentation (et son nom actuel) aux points d'accès Wi-Fi gratuits qui y sont aujourd'hui installés. À l'entrée sud du parc, Maroc Telecom a créé un

L'aménagement de la ville nouvelle

Quand le Maroc passa sous protectorat français, en 1912, le premier résident général, Hubert Lyautey, voulut "protéger et restaurer les médinas" et développer, à l'écart, des villes nouvelles européennes vitrines de la modernité. Il chargea l'urbaniste français Henri Prost de concevoir la ville nouvelle de Guéliz à partir d'un premier tracé effectué par les militaires. Prost redessina le plan pour introduire quelques courbes, imposa aux bâtiments une hauteur limite, un décor aux lignes sobres, la couverture des toits en tuiles vertes et la peinture des façades en rouge. Guéliz se présentait comme une ville moderne, agréable à vivre, ouverte sur le paysage et en harmonie avec la cité ancienne. La période de l'Art déco fut celle qui sut le mieux établir une passerelle entre les formes géométriques de l'architecture locale et la modernité européenne. Outre l'atelier de Majorelle, conçu par Paul Sinoir, vous pourrez en découvrir divers témoignages au fil de la promenade p. 128.

petit musée dévolu à l'histoire des télécommunications. (av. Mohammed V ; 7h-19h)

Se restaurer

Amal Center — MAROCAIN €

5 PLAN P. 130, A2

Ici l'on déguste une vraie bonne cuisine familiale tout en encourageant l'action de l'Amal Center, une association qui vient en aide à des femmes marocaines défavorisées et les forme aux métiers de la restauration. Les repas de ce restaurant solidaire sont servis dans une cour verdoyante. (0524 44 68 96 ; www.facebook.com/AmalNonProfit ; angle rues Allal ben Ahmad et Ibn Sina ; plats 45-70 Dh ; 12h-15h30 lun-sam ;)

Le Kilim — MAROCAIN €€

6 PLAN P. 130, B4

On doit ce restaurant lumineux à Kamal Laftimi – à l'origine, dans la médina, du très couru Nomad. C'est sa première incursion dans Guéliz, où il apporte un tour contemporain aux ingrédients marocains. Au menu : salade melon, feta et olives, sandwich croustillant au poulet avec mayonnaise à la harissa et frites... (0524446999 ; lekilim.com ; rue de la Liberté ; plats 60-140 Dh ; 7h-0h ;)

Pâtisserie Al Jawda — DOUCEURS €

7 PLAN P. 130, A4

Vous trouverez 200 douceurs différentes chez le pâtissier marocain Hakima Alami, qui prépare toutes sortes de délices sucrées et salées à base de figue, d'eau de fleur d'oranger, de miel du désert et d'autres ingrédients locaux de saison. Dans cette boutique au charme désuet, on paie au poids. (0524 43 38 97 ; 11 rue de la Liberté ; 8h-20h30 lun-sam, 8h-18h30 dim)

Al Fassia MAROCAIN **€€**

8 PLAN P. 130, A3

En place depuis 1987, ce restaurant reste considéré comme l'un des meilleurs de la scène gastronomique marrakchie. Sur la carte : des classiques marocains, et des tajines peu courants – agneau-aubergine ou bœuf-amandes-œufs par exemple. L'endroit est connu pour son personnel exclusivement féminin. Le service est parfois inégal. Réservation indispensable. (0524 43 79 73 ; www.alfassia.com ; 55 bd Mohammed Zerktouni ; plats 110-175 Dh ; 12h30-23h)

Catanzaro ITALIEN **€€**

9 PLAN P. 130, B4

Il y a quelque chose d'attachant dans cette sorte de trattoria à l'ancienne qui attire une clientèle fidèle de familles locales. Ses pizzas au feu de bois ont une pâte fine et croustillante, son vin est vendu à prix raisonnable (à partir de 150 Dh la bouteille) et le service est aimable. (0524 43 37 31 ; 42 rue Tariq ibn Ziyad ; plats 60-125 Dh ; 12h-14h30 et 19h15-23h lun-sam ;)

Snack Al Bahriya POISSON **€**

10 PLAN P. 130, B5

Pour un *fish and chips* à la mode marrakchie, cap sur cet établissement tout simple, qui tire son épingle du jeu parmi les très nombreux restaurants et étals de poisson au croisement de la rue Mauritanie et du boulevard Moulay Rachid. Il prépare des poissons extra frais et des calamars frits tendres à souhait, servis avec pain marocain, olives, lentilles et aubergines marinées. (75 av. Moulay Rachid ; fruits de mer avec frites 60-90 Dh ; 12h-1h)

Gaïa VÉGÉTARIEN **€€**

11 PLAN, P. 130, A4

Ce petit café fait du beau travail : il prépare avec des ingrédients bio des plats 100% végétariens, audacieux, colorés et présentés de façon originale. Pour une pause l'après-midi, gâteau aux carottes et café au lait d'amandes sont également délicieux. Le décor est aussi nature que la cuisine ; la musique ajoute à l'ambiance. Grand choix pour les végans. (0661 96 67 20 ; gaia-vegetarian-restaurant.business.site ; 100 rue Mohammed el-Beqal ; plats à partir de 70 Dh ; 12h-20h lun-sam ;)

Le Petit Cornichon FRANÇAIS **€€**

12 PLAN P. 130, A3

Une délicieuse cuisine française dans un bistrot lumineux et contemporain, avec un patio bleu Majorelle côté rue. Sous l'égide

La Palmeraie

Créée au XIIe siècle par les Almoravides, afin de fournir dattes et fraîcheur, la **palmeraie de Marrakech** (route de Casablanca) s'étend sur plus de 10 000 ha et aurait compté jusqu'à 100 000 arbres. Mais l'immobilier est passé par là, et le jardin vivrier des Almoravides est devenu le territoire des villas et hôtels de luxe. Pour vous faire une idée de ce qu'il en reste, partez à vélo, à cheval ou en quad (liste des agences p. 18). Des promenades à dos de dromadaire sont proposées, mais sachez que les animaux sont gardés enchaînés au bord de la route.

Les incontournables

La Palmeraie mérite aussi le détour pour deux musées :

Musée de la Palmeraie (0661 09 53 52 ; près de la route de Fès ; tarif plein/enfant 40 Dh/gratuit ; 9h-18h). Installé dans des bâtiments en pisé, au sein d'un vaste jardin andalou, ce musée, fermé jusqu'à nouvel ordre lors de notre passage, présente une remarquable collection de photographies, de peintures et de sculptures. Les aquarelles, dessins, gravures et peintures à l'huile d'artistes marrakchis du XXe siècle comme Hicham Benohoud, Abderrahim Iqbi et Larbi Cherkaoui, témoignent de la manière dont les artistes locaux ont été inspirés par la vie marocaine et la culture islamique.

Musée Farid Belkahia (0524 32 89 59 ; www.fondationfaridbelkahia.com ; près de la route de Fès ; tarif plein/enfant 50/30 Dh ; 10h-18h). Farid Belkahia (1934-2014) est l'un des plus grands artistes marocains du XXe siècle. Ce musée aménagé dans son ancienne villa présente une sélection d'œuvres – comprenant certaines installations multimédia qui ont fait sa renommée. Des travaux menés en 2019 ont agrandi l'espace d'exposition ; une salle d'exposition temporaire, un auditorium et un café dans le jardin ont également été ajoutés. Pour rejoindre le site, suivez les panneaux depuis le musée de la Palmeraie.

du talentueux Erwann Lance, ancien de l'hôtel Royal Mansour, l'équipe recherche les meilleurs produits locaux de saison pour créer une carte qui change toutes les semaines et des menus fixes. (0524421251 ; www.facebook.com/legrandcornichon/ ; 27 rue Moulay Ali ; plats 100-190 Dh, menu à partir de 150 Dh ; 12h-15h et 19h30-23h lun-sam)

Pause Gourmande

CAFÉ €

13 PLAN P. 130, E2

Les endroits où se restaurer sont peu nombreux autour du Jardin Majorelle. Ce café sur deux niveaux mérite une mention pour sa terrasse, son ambiance jeune et son service efficace. Il sert un bon café, et tout un choix de classiques marocains et internationaux : pastillas, tajines, pizzas, sandwichs, salades… (0524290215 ; 1 rue Yves Saint Laurent ; plats 75-105 Dh ; 8h-18h30 ;)

Prendre un verre

Baromètre Marrakech

BAR À COCKTAILS

14 PLAN P. 130, A3

Le Baromètre a de faux airs de laboratoire clandestin, avec jarres d'apothicaires, tuyaux de brasserie et macérations maison. Ce bar spécialisé dans la mixologie (l'art de concocter des cocktails inédits) ne paraîtrait pas déplacé à Paris ou New York. Laissez tomber les classiques pour un Marché de Marrakech à base de whisky, cannelle, orange et safran, ou un Café maure avec miel, cannelle et muscade. Outre des dizaines de concoctions, avec ou sans alcool, on trouve aussi des tapas fusion et une cuisine moderne à la carte, servie dans un espace intime. (0524379012 ; www.facebook.com/barometremarrakech ; rue Moulay Ali ; 18h30-23h lun-sam ;)

Grand Café de la Poste

CAFÉ

15 PLAN P. 130, B5

Ce bistrot historique a retrouvé sa grandeur passée. Les prix de la cuisine sont élevés, mais le cadre est unique : il vous transporte à l'époque Art déco de la construction de Guéliz par les Français – boiseries, ventilateurs, atmosphère surannée. Commandez un café, un thé ou du vin. (0524 43 30 38 ; angle bd el-Mansour Eddahbi et rue Imam Malik ; 9h-1h ;)

68 Bar à Vin

BAR À VINS

16 PLAN P. 130, B3

Marocains et résidents étrangers se pressent dans ce petit bar à vins branché et très animé pour déguster une bière ou un verre de vin local ou européen. Service convivial et efficace. Si la salle est trop enfumée, optez pour les bancs en terrasse. (0524 44 97 42 ; 68 rue de la Liberté ; 12h-15h et 18h-0h30 lun-sam)

Kechmara (p. 139)

Petit glossaire culinaire

La cuisine marocaine ne se limite pas aux couscous et aux tajines (ragoûts cuits dans un plat en terre à couvercle conique – les plus courants : poulet aux citrons confits et olives, boulettes de viande en sauce tomate avec un œuf frit, agneau aux pruneaux et amandes dans une sauce à l'oignon et safran). Pour vous aider à faire votre choix sur la carte, voici une liste des mets les plus courants.

Amlou Pâte à base d'amandes, à l'huile d'argan, à la cannelle et au miel.

Beghrir Crêpe à la texture spongieuse, servie au petit-déjeuner.

Bessara Purée de fèves ou de pois cassés assaisonnée avec cumin, paprika, huile d'olive et sel, servie comme une soupe.

Briouat Chausson en forme de tube ou de triangle farci d'herbes et de fromage de chèvre, de viande ou d'œufs, frit ou cuit au four.

Harira Soupe épaisse avec tomates, oignons, safran et coriandre, contenant aussi souvent des lentilles, des pois chiches et/ou de la viande d'agneau.

Kaab el-ghazal Corne de gazelle : biscuit en forme de croissant fourré de pâte d'amandes et parfumé à l'eau de fleur d'oranger.

Kefta Viande de bœuf hachée, épicée au ras el-hanout et parfumée au persil, servie sous forme de boulettes ou de languettes.

Kwa Foie d'agneau grillé avec cumin, sel et paprika.

Mahensha Gâteau roulé fourré aux amandes et imbibé de miel.

Pastilla Tourte sucrée-salée à base de *warqa* (pâte filo) garnie de morceaux de pigeon ou de poulet cuits avec des oignons caramélisés, du citron, des œufs et des amandes grillées sucrées, puis saupoudrée de cannelle et de sucre.

Seffa Semoule à la cannelle, aux fruits confits et aux noix, servie avec de la crème.

Sfenj Beignet, parfois avec un œuf frit dans le trou.

Tanjia Ragoût d'agneau épicé aux citrons confits, qui cuit pendant 8 heures dans un plat en terre – traditionnellement, dans le foyer d'un hammam.

Kechmara

BAR

17 PLAN P. 130, A4

Au coucher du soleil, la jeunesse branchée (et joyeuse) se retrouve sur le *rooftop* couvert du Kechmara, pour se prélasser sur les canapés en sirotant vin et cocktails. D'amusantes installations, et une profusion de feuillage et de bougies donnent au lieu un faux air de jardin dans le ciel. Des accompagnements (tapas, jus épicés, etc.) sont offerts avec les boissons. (0524 42 25 32 ; www.facebook.com/KECHMARA.KECH/ ; 3 rue de la Liberté ; 10h-20h ;)

Café du Livre

CAFÉ

18 PLAN P. 130, B4

Au programme de ce bar en étage fort agréable : bières, cafés, en-cas, sièges confortables et murs couverts de livres à feuilleter (ou à acheter). Pendant le *happy hour* (18h-20h, mardi-samedi), on se presse pour profiter des bières (20-40 Dh) et du vin (bouteilles à partir de 120 DH). (0524 44 69 21 ; www.facebook.com/cafedulivremarrakech ; 44 rue Tariq ibn Ziyad ; 10h-23h lun-sam ;)

Café Grand Atlas

CAFÉ

19 PLAN P. 130, A4

Ancré place Abdel Moumen depuis les années 1940, le Grand Atlas est une institution à Guéliz. On se plaît à s'asseoir en terrasse sous sa façade Art déco en forme de poupe de paquebot pour observer le va-et-vient de la rue en compagnie

Vins

Quelques clés pour se repérer sur les cartes des vins des restaurants de Marrakech.

Blancs Goûtez le Larroque, le Terre Blanche, parfumé et bien équilibré ou la Cuvée du Président Sémillant, un demi-sec aux parfums d'agrumes.

Gris et rosés Un vin gris est une variante de rosé à robe très claire. Le Médaillon Rosé de Syrah n'est pas trop fruité ; le Domaine Rimal Vin Gris est bien parfumé ; le Volubilia, de catégorie supérieure, est sec et plus acidulé.

Rouges Le Terre Rouge des vignobles Rabati, sur le littoral, rappelle les bourgognes, tandis que le Volubilia, produit sur des terres où les Romains faisaient déjà du vin, est tout en rondeur. Le Coteaux Atlas est plus épicé.

des anciens du quartier. Café et petit-déjeuner corrects ; bière à l'intérieur. (0524448888 ; rue de Yougoslavie ; 8h-0h ;)

Comptoir

CLUB

20 PLAN P. 130, D8

Les soirées du Comptoir sont légendaires. Le restaurant clinquant du rez-de-chaussée est rempli le week-end de playboys de Casablanca, de pimpantes Marrakchies et d'expatriés d'un certain âge. Un majestueux escalier conduit au 1er étage où la soirée se poursuit au Club animé par des DJ et où l'on danse à partir de minuit. Le Patio, un bar intime, se cache dans la verdure sous des lanternes étoilées. (0524 43 77 02 ; www.comptoirdarna.com ; av. Echouhada ; 19h-2h ;)

Shopping

Sidi Ghanem

DESIGN

21 PLAN P. 130, C1

Pour découvrir le travail de créateurs marocains, rendez-vous à 4 km du centre-ville dans le quartier industriel de Sidi Ghanem pour explorer ateliers, showrooms et magasins d'usine. Négociez avec un taxi un tarif fixe de 150 à 250 Dh pour l'aller-retour depuis la médina et localisez les endroits où vous voulez aller sur un plan du quartier.

Les horaires varient selon les boutiques ; certaines ferment le samedi après-midi et presque toutes le dimanche. Le bus n°15 va de Jemaa-el-Fna à Sidi Ghanem. (sidi-ghanem.com ; route de Safi ; lun-sam)

33 Rue Majorelle

CONCEPT STORE

22 PLAN P. 130, E2

Plus de 60 créateurs, principalement Marocains, sont représentés dans ce concept store et Yehia Abdelnour, l'un des propriétaires, cherche sans cesse à dénicher de nouveaux talents locaux. Les prix sont à la hauteur de la qualité, mais on trouve de jolis vêtements à moins de 1 000 Dh. Parmi les articles stars : des pantalons de harem en soie, des cotonnades à smocks pour enfants et de beaux caftans. Également, un petit corner pour hommes. (0524 31 41 95 ; www.33ruemajorelle.com ; 33 rue Yves Saint Laurent ; 9h30-19h)

Atelier 44

CONCEPT STORE

23 PLAN P. 130, B4

Les habitants de Casablanca et de Rabat vont jusqu'à Marrakech pour profiter de la superbe collection de l'Atelier 44, qui réunit des créateurs marocains désireux de présenter leurs articles faits main dans la ville rouge. En bas, le spa propose toute une gamme de soins et des produits haut de gamme (également vendus sur place). (0524201489 ; www.facebook.com/atelier44marrakech ; 44 rue Tariq Ibn Ziyad ; 10h-20h lun-sam)

Some Slow Concept Store

ARTICLES POUR LA MAISON

24 PLAN P. 130, B4

Dans une spacieuse villa datant de 1936, le Some Slow Concept Store allie traditions artisanales de Marrakech, et goûts et tendances modernes. Dans les six pièces confortables, distribuées sur deux étages, sont présentés des articles ménagers de qualité, de la vaisselle chic, des textiles, des luminaires et des objets d'art. Un garde-manger où sont vendus des produits gourmets et artisanaux mène à un café végétarien niché dans une cour paisible. (0524433372 ; www.facebook.com/someslowconcept ; 76 bd el-Mansour Eddahbi ; 10h-18h mar-sam)

L'huile de figue de Barbarie : mieux que l'huile d'argan !

Pendant des décennies, l'huile d'argan s'est imposée comme le produit de beauté phare du Maroc. Mais il y a quelques années, les Marocains ont découvert une ressource encore plus précieuse : l'huile de figue de Barbarie. Ce fruit épineux est vendu dans les souks de Marrakech pour seulement quelques dirhams entre août et septembre (uniquement). Or, des recherches ont révélé que ses graines possédaient une teneur exceptionnelle en acides gras essentiels, en oméga 6 et en oméga 9, et renfermaient un puissant antioxydant, sans pareil dans le monde végétal.

L'huile onctueuse extraite de ces graines est désormais présentée comme la grande avancée sur le marché des produits anti-âge pour ses effets antirides et anticernes miracle. Reste qu'elle est très coûteuse à extraire : il faut au moins 15 camions de fruits pour obtenir 1 litre d'huile de figue de Barbarie. C'est donc un produit cher, vendu au moins 200 Dh les 10 ml dans les magasins de beauté de Marrakech. Naturom (p. 52) dans la médina et **The Moroccans** (plan p. 130, E2 ; 0619390000 ; www.themoroccans.ma ; rue Yves Saint Laurent ; 9h-19h) près du Jardin Majorelle font partie des magasins qui en vendent (le premier est beaucoup, beaucoup moins cher !).

Lalla

MODE ET ACCESSOIRES

25 PLAN P. 130, A4

Retrouvez les élégants sacs artisanaux de Laetitia Trouillet dans sa boutique chic du Guéliz. Cette Française passe la moitié de l'année à Marrakech où elle travaille avec des artisans marocains à produire des accessoires élégants aux accents africains, amazighs et moyen-orientaux. La boutique vend aussi un mélange joliment présenté de pochettes, foulards et T-shirts mettant à l'honneur la création et l'artisanat locaux. (0524447223 ; www.shoplalla.com ; 35 bd el-Mansour Eddahbi ; 10h-19h lun-sam)

Ensemble Artisanal

ARTISANAT

26 PLAN P. 130, F7

Vitrine de l'artisanat marrakchi, ce centre parrainé par les autorités permet de se faire une idée de la gamme d'articles que l'on peut trouver dans les souks. Ici, les tarifs (parfois plus élevés que dans la rue) sont affichés et nombre de produits sont vendus directement par ceux qui les fabriquent. À la différence des souks, on n'a pas à marchander – ni à craindre l'insistance des vendeurs. Café, DAB et toilettes sur place. (av. Mohammed V, face au Cyber Parc ; 10h-19h lun-sam, 9h-14h dim)

Carnet pratique

Coucher du soleil place Jemaa-el-Fna (p. 34) MARCO BOTTIGELLI/GETTY IMAGES ©

Avant de partir

Hébergement

- Les riads occupent le devant de la scène. La ville en compte des centaines, mais il existe aussi tous types d'autres hébergements. Le choix de l'emplacement est déterminant.
- Le nombre de chambres est limité dans la médina : il est impératif de réserver.
- Une taxe de séjour (20-25 Dh/pers/nuit) s'applique partout. Généralement, elle est comprise dans les tarifs affichés, mais son paiement est réclamé séparément à l'arrivée.
- Les couples non mariés dont l'un des membres est de nationalité marocaine ne peuvent pas réserver de chambre.
- Vous trouverez sur Internet d'innombrables photos de riads au décor de rêve. Certains ne possèdent pas de licence d'exploitation et n'offrent aucune garantie en termes d'entretien, d'hygiène, et de conditions de travail pour leurs employés. Gare aux offres trop alléchantes.

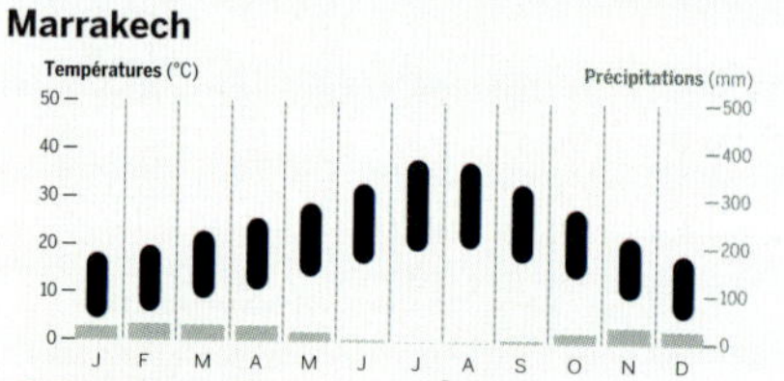

Quand partir

- **Hiver** (déc-fév). Beaucoup de ciel bleu ; soirées parfois très fraîches.
- **Printemps** (mars-mai). Idéal pour explorer la médina, avec des températures autour de 30°C.
- **Été** (juin-août). Chaleur écrasante ; la saison du Festival national des arts populaires.
- **Automne** (sept-nov). La meilleure période pour découvrir la ville sans souffrir de la chaleur.

Sites Internet

Hip Marrakech (www.hipmarrakech.com). Bon choix de riads.

Marrakech Riads (www.marrakech-riads.com). Agence professionnelle gérant neuf riads dans la médina.

Marrakech Medina (www.marrakech-medina.com). Agence locale de réservation de riads.

Petits budgets

Rodamón (www.rodamonhostels.com). Rideaux pour les lits en dortoir, piscine, bar, toit-terrasse et déco contemporaine.

Le Gallia (www.hotellegallia.com). Chambres de belle taille et style traditionnel. Excellent rapport qualité/prix.

Equity Point Hostel (www.equity-point.com). Lits en dortoir dans une demeure de charme avec piscine.

Villa Verde (www.facebook.com/villaverdemarrakech). Une adresse branchée, avec de beaux espaces communs. Large choix de chambres et dortoirs.

Catégorie moyenne

Riad UP (www.riadup.com). Tout droit sorti d'un magazine de déco. Excellent petit-déjeuner.

Riad Helen (www.riadhelen.com). Lumineux, avec des persiennes d'un joli vert, dans une ruelle plaisante de Bab Doukkala.

Riad Tizwa (www.facebook.com/RiadTizwaMarrakech). Repaire de *hipsters* au style éclectique et coloré.

Catégorie supérieure

Riad Azoulay (www.riad-azoulay.com). Service attentif et décoration somptueuse.

Riad L'Orangeraie (www.riadorangeraie.com). Demeure luxueuse, aux prestations cinq étoiles.

Riad Al Massarah (www.riadalmassarah.com). Chic, raffiné et respectueux de l'environnement.

Dar Housnia (www.dar-housnia.com). Au cœur de la médina, le mariage réussi de la tradition et de la modernité, dans une demeure à l'élégance feutrée.

Arriver à Marrakech

Aéroport de Marrakech-Ménara

- L'**aéroport de Marrakech-Ménara** (☎ 0524 44 79 10 ; www.marrakesh-airport.com ; wifi) est situé à 6 km au sud-ouest de la médina et de Guéliz. Un deuxième terminal a été construit pour faire face à l'afflux de vols internationaux.
- Il y a un bureau de change, des DAB, un bureau d'information et des opérateurs téléphoniques (vente de cartes SIM) dans le hall des arrivées. Le Wi-Fi est gratuit dans l'aéroport.
- **Le bus n°19** (aller/aller-retour 30/50 Dh ; 6h15-21h30) quitte l'aéroport toutes les 30 minutes. Il part en face du hall des arrivées, de l'autre côté du parking, s'arrête place de Foucauld (à 1 min à pied de la place Jemaa-el-Fna), suit l'avenue Mohammed V en passant par Bab Nkob (d'où l'on accède à Bab Doukkala), va jusqu'à Guéliz (arrêts place du 16 Novembre et à la gare), puis rejoint l'aéroport.
- En taxi, de l'aéroport, la course pour le centre-ville en "petit taxi" ne devrait pas excéder 70 Dh au compteur (un peu plus de nuit), mais il est rare de payer ce prix. Depuis la médina, un tarif fixe est appliqué : comptez de 150 à 200 Dh, selon le point de départ.
- Il est aussi possible de réserver un transfert privé, surtout si vous logez dans un riad de la médina ou dans la palmeraie. Les riads facturent le service de 150 à 200 Dh. Un bagagiste vous attendra pour vous conduire à la porte de l'établissement.

Depuis la France

- **Royal Air Maroc** (☎ 0820 821 821 ; www.royalairmaroc.com), et **Air France** (☎ 36 54 ; www.airfrance.fr) et **Transavia** (☎ 08 92 05 88 88 www.transavia.com/fr-FR) proposent chaque jour plusieurs vols directs pour Marrakech depuis

Paris (Orly ou Roissy-Charles-de-Gaulle).

- Les tarifs débutent entre 160 et 180 € pour un aller-retour en classe économique (2 heures 30-3 heures) – dès 100 € sur certaines low cost hors saison.
- Des vols directs sont assurés depuis des villes de province, dont Lyon, Marseille et Nantes, ainsi que Bordeaux, Strasbourg et Toulouse – avec **Easyjet** (www.easyjet.com), **Ryanair** (www.ryanair.com) ou **Volotea** (www.volotea.com/fr).
- Autre adresse utile : **TUI** (☎ 0825 000 825 ; www.tui.fr).

Depuis la Belgique

- Des vols directs entre Bruxelles et Marrakech sont assurés par des low cost comme Ryanair et **TUI fly** (www.tuifly.fr/fr). Les tarifs débutent entre 100 et 125 € (3 heures 30-4 heures).
- Des compagnies régulières proposent des vols avec escale.
- Quelques adresses utiles : **Connections** (☎ 070 23 33 13 ; www.connections.be) ; **Gigatours Voyages Éole** (Éole à Bruxelles ☎ 02 672 35 03 ; www.voyageseole.be).

Depuis la Suisse

- **Swiss** (☎ 848 700 700 ; www.swiss.com) assure des vols directs entre Genève et Marrakech à partir de 100 ou 150 FS aller-retour (3 heures). Depuis Zurich (3 heures 30), les tarifs sont plus élevés (à partir de 270 FS) et Swiss opère en partenariat avec **Edelweiss** (www.flyedelweiss.com).
- Pour des vols avec escale depuis Genève ou Zurich, consultez les offres de **TAP Air Portugal** (☎ 0890 102 106 ; www.flytap.com/fr-fr).
- Easyjet assure également des vols directs pour Marrakech depuis Genève et Zurich.

Depuis le Canada

- Entre le Canada et le Maroc, les seuls vols directs assurés sont à destination de Casablanca. Consultez les offres de Royal Air Maroc et d'**Air Canada** (☎ 1 888 247 2262 ; www.aircanada.com).
- Au départ de Montréal ou Toronto, les tarifs débutent à 800 $C pour un aller-retour en classe économique avec 1 escale (1 000 $C depuis Vancouver).
- Deux adresses : **Orbitz** (www.orbitz.com) ; **Travel Cuts – Voyages Campus** (1 800 667 2887 ; www.travelcuts.com)

Gare ferroviaire

- La vaste **gare ferroviaire** (www.oncf.ma ; angle av. Hassan II et bd Mohammed VI ; wifi) est bien organisée et pratique. On y trouve

Un fil d'Ariane en voyage

Vous êtes ressortissant français ? Pensez à vous enregistrer sur le **portail Ariane** (pastel.diplomatie.gouv.fr/fildariane) du ministère des Affaires étrangères. Ce service gratuit vous permet de recevoir des alertes si la situation le justifie. Crise politique, catastrophe naturelle, attentat… recevez en temps réel des consignes de sécurité lors de votre voyage.

des DAB, des cafés et des fast-foods ; le Wi-Fi est gratuit.

- Les billets s'achètent aux guichets ou aux automates, qui permettent également d'imprimer les titres de transport réservés en ligne. Paiement par carte ou en espèces.
- Des taxis stationnent à l'extérieur. Pour la place Jemaa-el-Fna, la course ne dépasse pas 20 Dh avec un taximètre (30 Dh le soir) ; toutefois, la plupart des chauffeurs ne l'enclenchent pas. Si vous êtes chargé, un grand taxi vous coûtera autour de 50 Dh.
- Le bus n°10 (4 Dh, ttes les 20 min, 6h-22h) rejoint la place Jemaa-el-Fna en passant par les avenues Hassan II et Mohammed V.

Gares routières

- Marrakech compte trois gares routières.
- Les compagnies **CTM** (0522 54 10 10 ; www.ctm.ma ; rue Abou Bakr Seddiq ; 6h-22h) et **Supratour** (www.supratours.ma ; av. Hassan II) possèdent leur propres gares, à proximité l'une de l'autre et proches de la gare ferroviaire, à Guéliz.
- Une autre **gare routière** (Bab Doukkala ; 6h-22h) est située à la lisière est de la médina.
- Pour un trajet avec CTM et Supratour (deux compagnies correctes, dotées de bus confortables et offrant des services et des tarifs similaires), les billets s'achètent dans les gares ou aux guichets officiels (les sites Web sont peu pratiques). Vous pouvez aussi demander de l'aide à votre hébergement.
- Pour Essaouira, réservez au plus tard la veille ou 2 jours avant la date souhaitée.
- Des taxis stationnent devant les gares CTM et Supratour. Si vous êtes chargé, comptez entre 20 et 50 Dh pour rejoindre Jemaa-el-Fna en grand taxi.
- Les billets sont (un peu) moins chers à la gare routière à l'est de la médina. En revanche, vous devrez y affronter les rabatteurs et les bus n'en partent qu'une fois pleins (malgré ce que l'on vous dira).

Comment circuler

- Marrakech se découvre avant tout à pied, à plus forte raison dans la médina (presque interdite aux voitures), où la foule, les charrettes et les mobylettes imposent de respecter quelques règles : tenez votre droite, laissez passer les deux-roues et les charrettes, et faites attention à éviter les marchandises vendues à même le sol.
- Guéliz est aménagé à l'européenne, avec des trottoirs, mais peu d'ombre.
- Conduire dans la ville peut être éprouvant : les scooters zigzaguent en tous sens et sortir d'un rond-point peut relever de l'exploit. Mieux vaut s'en remettre aux taxis...

Bus

- Ils sont peu utilisés par les visiteurs du fait de la facilité de circuler à pied et du faible coût des taxis.
- Ils circulent de 6h à 21h30 environ, toutes les 15-20 minutes (4 Dh ; prévoyez la monnaie).

- Le principal arrêt pour la médina est en face de Jemaa-el-Fna, sur la place de Foucauld, d'où des bus rejoignent la ville nouvelle.

Quelques lignes :

Bus n°1 Jemaa-el-Fna–Guéliz–Bab Doukkala

Bus n°10 Jemaa-el-Fna–gare ferroviaire

Bus n°11 Bab Doukkala–Jemaa-el-Fna–jardins de la Ménara

Bus 12 Bab Doukkala–Jardin Majorelle–Guéliz–Hivernage

Bus 15 Jemaa-el-Fna–Guéliz–Sidi Ghanem

Bus 16 Jemaa-el-Fna–Bab Doukkala–Guéliz–banlieues nord-ouest

Calèche

- Des calèches à vocation touristique attendent sur la place de Foucauld, près de la place Jemaa-el-Fna, et autour du Jardin Majorelle.
- Négociez ferme : 150 Dh pour un circuit de 1 heure 30 est un bon tarif.
- Le circuit classique passe par le Jardin Majorelle, la casbah et le *mellah* via la place Jemaa-el-Fna et les remparts.
- Veillez à ce que le cheval soit bien traité. L'association de protection des animaux Spana (www.spana.org) œuvre auprès des conducteurs de calèche.

Taxi

- Évitez les taxis aux stations très fréquentées par les touristes (gare ferroviaire, Jardin Majorelle, portes de la médina). Mieux vaut en héler un dans la rue.
- En journée, vérifiez que le compteur est allumé et qu'il a été mis à zéro. Si le compteur est cassé, mettez-vous d'accord sur le prix de la course.
- Les petits taxis, de couleur beige, équipés de compteurs, facturent entre 10 et 20 Dh les courses en journée dans Marrakech (supplément de 10 Dh le soir).
- Ils peuvent prendre plusieurs clients en même temps. Tant qu'un taxi a moins de trois passagers à bord, il peut s'arrêter si vous le hélez.
- Au-delà de trois personnes, vous devrez prendre un grand taxi – et négocier le prix.
- Les grands taxis transportent jusqu'à 6 personnes et peuvent sortir de la ville – pour aller à Essaouira, dans la vallée de l'Ourika, etc.

Vélo

- Le terrain est plat, mais gare à la circulation !
- Les boutiques **AXS** (p. 19) et **Pikala Bikes** (p. 111) louent des vélos et casques de qualité.
- Le système de vélos en libre-service local s'appelle **Medina Bike** (0612644734 ; www.medinabike.ma ; 1/7 jours 50/150 Dh) – stations près de la mosquée de la Koutoubia, place de la Liberté à Guéliz et au Jardin Majorelle. Inscription sur le site ou via l'application.

Infos pratiques

Ambassades et consulats

Représentations du Maroc à l'étranger

Belgique ambassade (02-736 11 00 ; www.consulat.ma ;

29 bd Saint-Michel, 1040 Etterbeek) ; consulat général (02-349 51 80 ; 55 rue des Vétérinaires, 1070 Anderlecht)

Canada ambassade (613-236-73 91/92 ; 38 Range Rd, Ottawa, Ontario KIN 8J4) ; consulat général (418-288-87 50 ; 2192 bd René-Lévesque Ouest, Montréal, Québec H3H 1R6)

France ambassade (01 45 20 69 35 ; www.amb-maroc.fr ; 5 rue Le Tasse, 75016 Paris) ; consulat général (01 56 56 72 01 ; 12 rue de la Saïda, 75015 Paris)

Suisse ambassade (31-351 46 30 ; Helvetiastrasse 42, 3005 Berne)

Représentations étrangères au Maroc

La plupart des représentations diplomatiques sont situées à Rabat.

Belgique ambassade (0537 26 80 60 ; morocco.diplomatie.belgium.be/fr ; 4-6 av. Mohammed el-Fassi, tour Hassan, Rabat)

Canada ambassade (0537 54 49 49 ; www.canadainternational.gc.ca/morocco-maroc ; 66 av. Mehdi Ben Barka, Rabat-Souissi)

France ambassade (0537 68 97 00 ; www.ambafrance-ma.org ; 1 rue ibn Hajar, Rabat-Agdal) ; consulat général à Marrakech (0524 38 82 00 ; rue Camille Cabana)

Suisse ambassade (0537 26 80 30 ; www.eda.admin.ch/rabat ; square de Berkane, Rabat)

Argent

- La monnaie nationale est le dirham (Dh), qui se subdivise en 100 centimes.
- Il existe des billets de 20, 50, 100 et 200 Dh. On trouve des pièces de 1, 2, 5 et 10 dirhams, et 10, 20 et 50 centimes.
- Dans les souks, les achats se règlent en général en espèces.
- De nombreux hébergements des catégories moyenne et supérieure acceptent les paiements en euros.

Carte bancaire

- Les hébergements de catégorie supérieure, ainsi que les restaurants et magasins touristiques acceptent les principales cartes bancaires (une commission de 5% est souvent appliquée).
- En revanche, les riads de catégorie moyenne refusent souvent les paiements par carte.

Distributeurs automatiques de billets (DAB)

- On trouve de nombreux DAB dans la médina – autour de Jemaa-el-Fna et sur les axes principaux notamment – et à Guéliz.
- Beaucoup acceptent les cartes Visa, MasterCard, Electron, Cirrus, Maestro et InterBank.
- La plupart ne délivrent pas plus de 2 000 Dh à la fois.
- Si vous sortez de Marrakech, sachez que les DAB sont rares dans les villages – il n'y en a pas à Oukaïmeden et Imlil.

Change

- L'euro est la devise la plus couramment acceptée pour le change.
- La plupart des banques assurent un service de change. Les bureaux de change appliquent le taux officiel et restent ouverts plus longtemps.

- Il est souvent plus intéressant de retirer de l'argent dans les DAB.

Pourboire

Des pourboires sont donnés pour tout type de services.

Cafés 2 Dh

Guides de musée 10 Dh ou plus pour un service particulier

Porteurs 3 à 5 Dh

Restaurants 10%

Désagréments et dangers

- Marrakech est une ville généralement sûre. Dans la médina, vous risquez de vous faire souvent aborder. Faites preuve de bon sens face aux offres plus ou moins faramineuses proposées ! Reportez-vous aussi p. 86.
- Des pickpockets sévissent sur la place Jemaa-el-Fna et, dans une moindre mesure, dans la médina.
- Soyez vigilant si vous vous baladez de nuit dans la médina.
- De faux guides arpentent la médina. Déclinez poliment leur offre, sans vous départir de votre bonne humeur.

Électricité

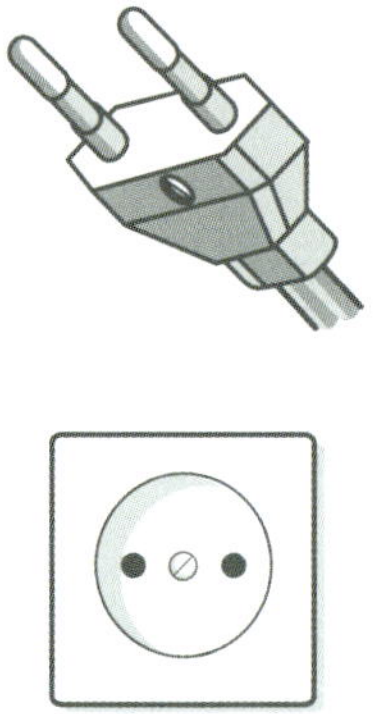

Type C
220 V/50 Hz

Type E
220 V/50 Hz

Formalités et visas

- Les ressortissants de l'Union européenne, les Suisses et les Canadiens n'ont pas besoin de visa pour un séjour de moins de 3 mois.
- Vous devrez présenter un passeport valable au moins 6 mois au-delà de la date prévue de votre départ du Maroc.

Handicapés

- Les rues de la médina sont étroites et la chaussée déformée : il est difficile d'y circuler avec un fauteuil roulant. Guéliz est plus accessible.
- Les bus municipaux ne sont pas adaptés. En revanche, **City Tour Marrakech** (www.marrakech.city-tour.com) possède des bus accessibles, pratiques pour relier les sites.
- Les petits taxis ne peuvent généralement pas faire entrer un fauteuil. Préférez les grands taxis – environ 50% plus chers.
- Seuls quelques hôtels de catégorie supérieure possèdent des chambres accessibles.
- Réservez toujours une chambre au rez-de-chaussée, car peu d'établissements ont un ascenseur (ils sont moins rares à Guéliz).
- Rien n'est prévu en ville pour les personnes

souffrant d'une déficience visuelle ou auditive.

- Les Marrakchis se montrent néanmoins souvent prêts à se mettre en quatre pour faciliter la vie à leurs invités.
- Le guide Houssaine Ichen est spécialisé dans les découvertes adaptées aux personnes en situation de handicap. Son site (disabled-tourist-guide.com) délivre de bons conseils.

Heures d'ouverture

Les entreprises travaillent généralement du lundi au vendredi. Dans les souks de la médina, de nombreux ateliers et stands ferment le vendredi, ou s'arrêtent plus longtemps à l'heure du déjeuner du vendredi.

Banques 8h30-18h30, lundi-vendredi

Bars 18h-tard

Administrations 8h30-18h30, lundi-vendredi

Poste 8h30-16h30, lundi-vendredi

Restaurants 12h-15h et 19h-22h

Magasins 10h-19h, lundi-samedi

Jours fériés

Si les fêtes nationales ont lieu à dates fixes, les célébrations religieuses varient en fonction du calendrier lunaire de l'hégire (de 11 jours plus court que le calendrier grégorien), donc d'une année sur l'autre.

Jour de l'An 1er janvier

Manifeste de l'Indépendance 11 janvier

Fête du Travail 1er mai

Fête du Trône 30 juillet

Fête de l'Oued Eddahab 14 août

Révolution du roi et du peuple 20 août

Anniversaire du roi Mohammed VI 21 août

Anniversaire de la Marche verte 6 novembre

Fête de l'Indépendance 18 novembre

LGBT+

- Marrakech est la destination marocaine la plus plébiscitée par les voyageurs gays.
- Les couples homosexuels étrangers ne rencontrent généralement pas de problème pour réserver une chambre double dans les hôtels et riads.
- Sachez néanmoins que les pratiques homosexuelles (baisers inclus) sont interdites au Maroc, et passibles de 3 ans de prison et/ou d'une amende – les autorités de Marrakech ne se préoccupent pas beaucoup des voyageurs étrangers.
- Abstenez-vous de toute démonstration d'affection en public.
- De jeunes prostitués opèrent dans les bars ou sur la place Jemaa-el-Fna – soyez vigilant si l'on vous aborde.
- Soyez prudent si vous utilisez des applications de rencontres : des vols et agressions ont été déplorés.
- Les lesbiennes sont moins exposées à ce type de désagréments et dangers.

Numéros d'urgence

Ambulance ✆150

Police ✆190

Brigade touristique ✆05243 8 46 01

Office du tourisme

Office National Marocain du Tourisme (ONMT ; ☎ 0524 43 61 79 ; www.visitmorocco.com/fr ; place Abdel Moumen Ben Ali ; 🕒 8h30-19h30 lun-ven). Brochures ; peu d'infos pratiques (disponibles sur le site Web).

Téléphone

- Pour appeler le Maroc depuis l'étranger, composez le code d'accès international (☎ 00 en France, en Belgique et en Suisse, ☎ 011 au Canada), l'indicatif du Maroc (☎ 212), puis l'indicatif régional sans le 0 initial et le numéro désiré.
- Du Maroc, faites le ☎ 00, puis l'indicatif du pays (☎ 33 pour la France, ☎ 32 pour la Belgique, ☎ 41 pour la Suisse et ☎ 1 pour le Canada), suivi du numéro désiré, sans le 0 initial.
- Pour appeler vers une ligne fixe à Marrakech depuis le Maroc, y compris depuis Marrakech même, composez l'indicatif de la ville (☎ 0524).
- Les numéros des lignes fixes commencent par ☎ 05 ; ceux des portables sont en ☎ 06.

Conseils au quotidien

Alcool Ne buvez pas d'alcool dans les lieux publics : s'il y a une mosquée alentour (et c'est souvent le cas), ce serait mal perçu.

En couple Ne vous embrassez pas en public. La vision d'un couple se tenant par la main met de nombreux Marocains mal à l'aise, bien que cela se fasse souvent entre hommes ou entre femmes.

Photos Demandez systématiquement la permission aux intéressés.

Ramadan En public et tant qu'il fait jour, ne mangez pas, ne buvez pas, ne fumez pas.

Thé Quand on vous offre un thé, acceptez-le, même si vous n'en buvez qu'une gorgée.

Vêtements Dans la médina, couvrez-vous les genoux et les épaules. Cela vaut pour les femmes comme pour les hommes.

Téléphone portable

- Le réseau mobile est bon partout à Marrakech.
- Les trois opérateurs mobiles marocains sont **Maroc Telecom** (www.iam.ma), **Orange** (www.orange.ma) et **Inwi** (www.inwi.ma).
- Si votre téléphone est débloqué, vous pourrez utiliser une carte SIM marocaine (en vente dans le hall des arrivées de l'aéroport et dans les boutiques de téléphonie).
- Les prix des cartes prépayées varient. Pour 100 Dh, vous pouvez bénéficier de 20 minutes de communication et de 10 Go de données.

Toilettes

- On trouve des toilettes publiques dans la médina (repérez les panneaux "WC"). Laissez un pourboire de 1 ou 2 Dh à la personne sur place.
- Les toilettes publiques (y compris dans les cafés et restaurants) sont souvent dépourvues de papier toilette.
- Jetez le papier dans la corbeille.

Langue

Le Maroc a pour langues officielles l'arabe, employé dans tout le pays, et le tamazight (berbère), parlé par environ un tiers de la population, notamment dans le Haut Atlas, le Moyen Atlas et le Rif. La plupart des Amazighs parlent aussi l'arabe marocain. Le français reste présent dans les grandes villes.

Arabe marocain

Le darija, ou arabe marocain, est une variante de l'arabe standard moderne, dont il se distingue par de nombreux aspects.

Formules de politesse

Bonjour.	sbaH el-kheyr
Salut.	*salam*
Au revoir.	bes·*la*·ma
S'il vous plaît.	min fad·*lik*
Merci.	choukran
De rien.	*la* chouk·*ran* 'la *wa*·jib
Excusez-moi.	smeH li·*yya*
Oui./Non.	*iyyeh*/el·*la*
Comment allez-vous ?	*Labass ?*
Bien, merci.	*Labass hamdoullah*

Pour aller plus loin

Indispensable pour mieux communiquer : le **Guide de conversation Arabe marocain** de Lonely Planet. Pour réserver une chambre, lire un menu ou faire connaissance, ce manuel permet d'acquérir des rudiments d'arabe marocain. Inclus : un minidictionnaire.

À table

Une table pour..., s'il vous plaît.
ta·bla li... *'a fak*

Puis-je voir la carte, s'il vous plaît ?
moum·*kin* ta'·ti·ni *la*·'i·Hat, min fad·*lik* ?

Pouvez-vous me conseiller ?
moum·*kin* tan·*saH*·ni/
tna·*sHi*·ni (m/f) ?

Je suis végétarien.
ma ka na *koulsh* el-lHam

Shopping

Je voudrais acheter...
bghit nesh·*ri*...

Je regarde seulement.
ghir kan·*shof*

Combien ça coûte ?
b sh·*Hal ?*

Est-ce que je peux regarder ?
moum·*kin* an·*shof* ?

Urgences

Au secours !	'at·*ko*·ni
Allez-vous-en !	Sir/*si*·ri (m/f)
Je suis perdu.	twa·*ddert*
Au voleur !	she·*ffar !*

Appelez la police !	'ay·*to* l el-bou·*lis* !
Appelez un médecin !	'ay·*to* l tbib !
Où sont les toilettes ?	Fin el-mir·*Had* ?
Je suis malade.	a·*na* mrid/*mri*·da
Je suis allergique (à la pénicilline).	'an·*di* Ha·*sa*·si·ya men (el-bi·ni·si·*lin*)

Transports et orientation

Où puis-je acheter un billet ?	fin nek·*dar* nesh·*ri* tad·ki·ra ?
Où est...?	*fin... ?*
l'aéroport	*ma tar*
la gare	el-ma Ha *tta*
l'arrêt de bus	bla·*kat* to·*bis*
Combien cela coûte-t-il ?	b sh·*Hal* ?
Pourriez-vous vous arrêter ici ?	moum·*kin* lak *tou*·kaf hna ?

Tamazight

Il existe trois grands dialectes en tamazight.

Au nord, autour du Rif, on parle le rifain. Le dialecte qui prédomine dans le Haut et le Moyen Atlas, ainsi que dans les vallées débouchant sur le Sahara porte divers noms ; on l'appelle le plus souvent tamazight ou berbère.

Dans la plupart des groupes sédentaires du Haut Atlas, de l'Anti-Atlas, de la vallée du Sous et des oasis du Sud-Ouest, le tachelhit (également appelé chleuh ou tassousit) prédomine.

Les mots et expressions ci-dessous sont en tachelhit, le dialecte le plus utile pour les visiteurs.

Formules de politesse

Bonjour.	la bes darik/darim (m/f)
Au revoir.	aka yaoun arbi
S'il vous plaît.	barakalaufik
Merci.	barakalaufik
Oui.	yah
Non.	oho
Excusez-moi.	samhiy

Mots et phrases clés

nourriture	tiremt
un endroit où dormir	kra lblast mahengane
eau	arman
Avez-vous... ?	is daroun ... ?
Combien ça coûte ?	minshk aysker?
Je veux aller à...	addaughs...
Où est le/la... ?	mani ghila... ?
tout droit	nishan
à gauche	fozelmad
à droite	fofasi
montagne	adrar
rivière	asif
hier	idgam
aujourd'hui	(zig sbah) rass
demain	(ghasad) aska

En coulisses

Vos réactions ?

Vos commentaires nous sont très précieux pour améliorer nos guides. Notre équipe lit vos lettres avec la plus grande attention et prend en compte vos remarques pour les prochaines mises à jour. Pour nous faire part de vos réactions, prendre connaissance de notre catalogue et vous abonner à notre newsletter, consultez notre site **lonelyplanet.fr**

Nous reprenons parfois des extraits de notre courrier pour les publier dans nos guides ou sites Web. Si vous ne souhaitez pas que vos commentaires soient repris ou que votre nom apparaisse, merci de nous le préciser. Notre politique en matière de confidentialité est disponible sur notre site Internet.

UN MOT DE LORNA PARKES

Un immense *choukran* aux Marrakchis pour leur accueil, aux marchands qui ont demandé des nouvelles de ma famille, aux femmes qui m'ont prise par la main lorsque j'étais perdue, aux expatriés avec qui j'ai passé les nouveautés en revue autour d'un thé à la menthe. Un merci tout particulier à Mohamed Nour et Mandy Sinclair pour m'avoir consacré du temps, ainsi qu'à ma famille – à Rob avant tout – pour avoir assuré en mon absence.

Crédits photographiques

Photo de couverture : Minaret de la Mosquée Koutoubia

À propos de cet ouvrage

Cette 7e édition française de *Marrakech en quelques jours* est une traduction-adaptation de la 5e édition du guide *Pocket Marrakesh*, écrite et actualisée par Lorna Parkes. Elle doit beaucoup au travail d'Olivier Cirendini, auteur d'une précédente édition française de ce guide.

Traduction
Thérèse de Chérisey et Sophie Lecoq

Direction éditoriale
Didier Férat

Responsable éditorial
Dominique Bovet

Responsable prépresse
Jean-Noël Doan

Adaptation française
Jean-Victor Rebuffet

Maquette
Caroline Donadieu

Cartographie
Cartes originales adaptées par Nicolas Chauveau

Couverture
Adaptée par Laure Wilmot pour la version française

Merci à Jacqueline Menanteau pour sa relecture attentive et à Vahagn Terzian pour le travail de préparation des textes.

Index

Voir aussi les index des rubriques :
Se restaurer p. 158
Prendre un verre p. 158
Shopping p. 158
Se loger p. 159

Références des **sites**
Références des **plans**

Se restaurer

Prendre un verre

Shopping

Les auteurs

Lorna Parkes

Londonienne de naissance, Lorna a vécu à Melbourne et réside désormais dans le Yorkshire. Elle a officié dans les bureaux de Lonely Planet et a contribué à des dizaines d'ouvrages et de magazines. L'avion est son lieu de prédilection pour écrire, de préférence sur la gastronomie et les alcools. Elle se plaît à arpenter les villes, à explorer les souks, à goûter la cuisine de rue : elle a adoré retourner à Marrakech pour cette nouvelle édition. Pour la suivre : @Lorna_Explorer.

Olivier Cirendini

Olivier collabore régulièrement aux pages *Voyage* de plusieurs titres de la presse magazine, qui l'emmènent dans des reportages au long cours ou l'invitent à s'interroger sur cette singulière activité qu'est le tourisme. Il a signé de nombreux titres de la collection Lonely Planet en français et retourne régulièrement à Marrakech, ville à laquelle il a consacré un livre d'itinéraires illustré par Jacques Ferrandez (*Marrakech – Itinéraires*, Lonely Planet-Casterman, 2010).

Marrakech en quelques jours
7e édition
Traduit et adapté de l'ouvrage *Pocket Marrakesh, 5th edition, February 2022*

92 avenue de France - 75013 Paris
Photographes © comme indiqué 2020
Dépôt légal Février 2022
ISBN 978-2-81619-529-3
Imprimé par ESTIMPRIM, Baume-les-Dames, France
Réimpression 02, novembre 2022

En Voyage Éditions | un département édi8